Birgit Fenderl, Sabine Hauswirth

Kurswechsel bei 5.0

Porträts einer Frauengeneration, die sich neu erfindet

GEGRÜNDET 1999

Birgit Fenderl, Sabine Hauswirth

KURSWECHSEL BEI 5.0

PORTRÄTS EINER FRAUENGENERATION, DIE SICH NEU ERFINDET

Czernin Verlag, Wien

Gedruckt mit Unterstützung der Stadt Wien, Kultur

Sabine Hauswirth dankt: Ninon Hauswirth, Alina Anna Lichtblau, Maximilian Vintschgau, Daniela Mautner Markhof, Friseur Doris, Nikon

Fenderl, Birgit / Hauswirth, Sabine: Kurswechsel bei 5.0. Porträts einer Frauengeneration, die sich neu erfindet / Birgit Fenderl, Sabine Hauswirth
Wien: Czernin Verlag 2021
ISBN: 978-3-7076-0709-3

© 2021 Czernin Verlags GmbH, Wien
Fotos: Sabine Hauswirth
Foto Backcover: Ninon Hauswirth
Lektorat: Karin Raschhofer-Hauer
Satz und Covergestaltung: Mirjam Riepl
Druck: Finidr
ISBN Print: 978-3-7076-0709-3
ISBN E-Book: 978-3-7076-0710-9

Für Anna und Ninon

Inhalt

Vorwort von johanna rachinger 8

Sophie Karmasin:
fünfzigjährige feiert man nicht mehr so 11

Doris Kiefhaber:
angekommen und zufrieden 19

Catherine Cziharz:
jetzt komme ich mir nicht mehr alterslos vor 27

Doris Gruber:
prepare for menopause 35

Angelika Kirchschlager:
mein leben hat mich eigentlich immer überrumpelt 45

Katharina Stemberger:
den fünfziger zu nehmen war schon tricky 51

Elisabeth Tambwe:
ich habe nie angst vor dem leben gehabt 59

Ulli Ehrlich:
»warum?« ist die frage meines lebens 65

Michaela Kardeis:
unsere generation hat etwas weitergebracht!......................... 73

Nancy Semeda:
mit tabus gebrochen 81

Andrea Linauer:
wir frauen müssen auf den Tisch hauen 89

SHLOMIT BUTBUL:
ENDLICH MAG ICH MICH.. 99

DANIELA AUER:
BITTE KEINEN WELLNESS-GUTSCHEIN................................ 107

MARION TSCHIRK:
VOM EISERNEN SINGLE ZUM GROSSFAMILIENMENSCHEN................ 115

MARGIT FRÖMMEL:
DASS FRAUEN UND MÄNNER GLEICHGESTELLT SIND,
WAR EINE ILLUSION... 123

KRISTIN HANUSCH-LINSER:
MEHR SELBSTBILD ALS FREMDBILD 131

SABINE GRUBER:
DIE UNGLEICHE BEZAHLUNG ÄRGERT MICH MASSLOS...................... 141

MANUELA KRINGS-FISCHER:
NOCH EINMAL SO RICHTIG DURCHSTARTEN 149

MEGUMI ITO:
ICH DENKE, ICH BIN JETZT AUSGEWOGENER........................ 157

MARIA PLANEGGER:
ICH BIN KEIN VORSTADTWEIB 165

CORINNA MILBORN:
FÜNFZIG WAR FÜR MICH IMMER EIN SEHNSUCHTSALTER................ 173

GERTRUDE HENZL:
GENAU GEFUNDEN, WAS ICH SCHON IMMER WOLLTE 181

BIRGIT FENDERL UND SABINE HAUSWIRTH:
AUTHENTIZITÄT UND BEWEGUNG – WIE DIESES BUCH ENTSTAND 188

Vorwort
von Johanna Rachinger

Vor zwanzig Jahren ist ein Buch entstanden, das der Beginn einer bis jetzt andauernden Freundschaft sein sollte. Birgit Fenderl schrieb zweiundzwanzig Kurzporträts von engagierten, beruflich erfolgreichen Frauen in ihren Dreißigern, Sabine Hauswirth fotografierte die Porträts. Ich war damals als Verlagsleiterin am Zustandekommen dieses Projekts wesentlich beteiligt und freue mich sehr, dass die fruchtbare Zusammenarbeit der beiden Frauen nun in einem neuen Projekt weitergeführt wird. Nach zwei bewegten Jahrzehnten im Kampf um Gleichberechtigung stellen sie nochmals die Frage, ob sich die Situation der Frauen in unserem Land merkbar verbessert hat. Zu Wort kommen diesmal beispielhaft Vertreterinnen der Generation 50plus, darunter auch einige bekannte Namen, wie die ehemalige Familienministerin Sophie Karmasin, Opernsängerin Angelika Kirchschlager oder die bekannte Gynäkologin Doris Gruber. Die Perspektive ist damit eine andere, die meisten der vorgestellten Frauen haben ihren persönlichen und beruflichen Weg gefunden und ihre Lebensziele zum großen Teil verwirklichen können. Sie blicken zurück auf ihre beruflichen Erfolge und Schwierigkeiten, in denen sich die gegenwärtigen gesellschaftlichen Rahmenbedingungen von Frauen in unserem Land beispielhaft widerspiegeln.

Zweifellos haben sich die Berufs- und Karrierechancen, die Möglichkeiten eines selbstbestimmten Lebens für Frauen generell in den letzten beiden Jahrzehnten verbessert. Dass wir mit dem Erreichten noch nicht zufrieden sein können, wissen wir aber ebenso. Die Vereinbarkeit von beruflicher Karriere und Familie ist nach wie vor eine enorme Herausforderung, das mögliche Berufsspektrum durch traditionelle Rollenbilder immer noch sehr eingeschränkt. Dies liegt nicht nur an den Männern, die ihre Machtpositionen verteidigen, sondern auch an nicht hinterfragten Klischees, die in den Köpfen mancher Frauen immer noch fest verankert sind. Gesellschaftliche Veränderungen brauchen ihre Zeit – und Frauen, die sie einfordern.

Beruflich erfolgreiche Frauen, die zugleich auch ein erfülltes und zufriedenes Privatleben führen, können als Vorbilder wichtige Impulse und Orientierung für die junge Generation geben. Nicht zuletzt geht es um Selbstvertrauen und Mut als Schlüssel zum Erfolg.

Ich freue mich, dass das vor zwanzig Jahren begonnene Projekt nun mit diesem Buch eine interessante Fortsetzung findet.

Dr. Johanna Rachinger
Generaldirektorin der Österreichischen Nationalbibliothek

Sophie Karmasin
Fünfzigjährige feiert man nicht mehr so

Bereits in meinem ersten Buch, »30erinnen: Portraits von Frauen, die schon weit gekommen sind«, war Sophie Karmasin eine jener Frauen, die karrieretechnisch bereits besonders weit gekommen waren: Geschäftsführerin der »Karmasin Marktforschung«, als Meinungsforscherin durch ihre regelmäßigen Auftritte einem breiten TV-Publikum bekannt. Dass sie bald Ministerin werden würde, das hätte sie 2002, als ich sie für mein Buch porträtierte, wohl selber nie gedacht. Wobei – so überraschend kam ihre neue Karriere dann eigentlich auch wieder nicht, wie ein Blick in das Buch von damals zeigt: Zu jedem Porträt gibt es in diesem Buch einen Fragebogen und die Frage, wer oder was die jeweils Porträtierte im nächsten Leben einmal sein wollte. Sophie Karmasin beantwortete das damals so: »Im nächsten Leben möchte ich mich gerne politisch engagieren.« »Wirklich wahr, das gibt's ja nicht«, lacht sie, als wir uns für das neue Buch treffen und wir scherzen, ob ihr damals geäußerter Wunsch, sich politisch einzubringen, vielleicht ja schon ein Vorzeichen für ihre spätere Karriere war. Elf Jahre später war sie Familienministerin – die nach außen hin sichtbarste Veränderung, aber nur eine von vielen in ihrem Leben in den vergangenen zwanzig Jahren.

Einmal Politik und zurück

»Die größten Veränderungen in meinem Leben, seitdem wir uns für das Buch damals getroffen haben?«, denkt sie auf die entsprechende Frage kurz nach, »naja, zwei Veränderungen. Oder drei, nein eigentlich vier große

Veränderungen waren das. Die erste große Veränderung war, dass ich die Firma meiner Eltern, also das Gallup-Institut und Karmasin Motivforschung zu 85 Prozent übernommen habe. Das war 2010 oder 2011, so um den Dreh herum. Das war schon ein Riesenschritt. Dann kam schon bald die nächste Veränderung, obwohl ich das nicht geplant hatte, nämlich Ende 2013 der Anruf, ob ich Familienministerin werden will.« Sie wollte und war eine Regierung lang parteilose Familien- und Jugendministerin im Team der ÖVP in der großen Koalition unter SPÖ-Bundeskanzler Werner Faymann. ÖVP-Chef und Vizekanzler war zunächst Michael Spindelegger, ab 2014 Reinhold Mitterlehner – eine politisch turbulente Zeit in der Volkspartei. Um nicht gegen das Unvereinbarkeitsgesetz zu verstoßen, gab sie ihre Anteile an der Firma an ihren Mann ab. »Es war nie ausgesprochen, aber für mich war von Anfang an klar – ich will nur eine Zeit lang in der Politik bleiben«, schildert Karmasin ihre damaligen Gefühle. 2017 beendete sie ihre Tätigkeit als Ministerin und ihren Ausflug in die Politik. Veränderung Nummer zwei, gefolgt von Veränderung Nummer drei: die Gründung ihrer neuen Firma Karmasin Research & Identity, »je nach Projekt mit fünf bis zehn MitarbeiterInnen. Also jetzt habe ich das ganze Spektrum, ich war bei einem internationalen Konzern im Ausland, war lange Jahre im großen Familienunternehmen, war in der Politik, jetzt die wesentlich kleinere Firma. Und jetzt weiß ich, das ist der Zuschnitt, der mir am besten gefällt.« Fehlt noch eine Veränderung nach Karmasins Aufzählung. »Die vierte Entscheidung war, nach Klosterneuburg zu ziehen und ein Haus zu bauen«, meint sie und erzählt, wie glücklich sie darüber sei und dass sie kaum mehr auf Urlaub fahre, weil sie mit ihrem Haus und Garten jetzt alles habe, was sie brauche.

Als wir vor bald zwanzig Jahren das Interview für das erste Buch führten, war Sophie Karmasin eine der wenigen Dreißigerinnen, die schon ein Kind hatten. »Mein zweiter Sohn kam dann bald auf die Welt. Aber das war keine große Veränderung, es war so klar, dass wir zwei Kinder bekommen.« Wirtschaft, Politik, Familie – wo beginnen wir unser Gespräch über ihr Lebensfeeling in ihren Fünfzigern, über die gesellschaftliche Stellung von Frauen dieses Alters, über ihre Erfahrungen mit der Politik, über das, was sie, die sich als Schülerin gerne als »Emanze« bezeichnet hatte und im Spaß jetzt von ihrem jüngeren Sohn öfter »Feministin« geschimpft wird, ihren beiden fast erwachsenen Söhnen mitgeben will und, und, und? Versuchen wir es chronologisch: Als Meinungsforscherin machte sich Sophie

Karmasin Anfang der 2000er-Jahre zunehmend einen Namen, unabhängig von ihren bekannten Eltern. Gemeinsam mit dem Politologen Peter Filzmaier analysierte sie in der ZIB 2 die Innenpolitik immer dann, wenn wieder einmal gewählt wurde, Koalitionen verhandelt oder gebildet wurden oder wenn es eben ganz besonders viel innenpolitisch zu besprechen gab. Dadurch waren wir uns regelmäßig beruflich begegnet, Sophie Karmasin war eine Expertin, die ich in unsere Sendungen einlud. Aber sie war gefühlt auch »eine von uns« – eine der Politik-BerichterstatterInnen, der Politik-BeobachterInnen. Keine Journalistin, aber eine Kollegin – bis zum 12. Dezember 2013. Da wurde Sophie Karmasin von der ÖVP zur Ministerin für Familie und Jugend ernannt. »Ich war sehr nahe dran an der Politik durch die Analysen im Studio der ZIB 2, durch viele Studien mit meinem Institut. Ich war nahe dran, aber es war etwas komplett anderes«, erzählt sie. »Damals habe ich mir immer gedacht, warum soll Politik so brutal sein und verlogen und so intrigant? Ich verstand das gar nicht, bis – ich schwör's – zur ersten Stunde, in der ich in diesem System angekommen bin. Wie Politik nach außen vermittelt wird und wie sie nach innen funktioniert, ist wirklich etwas ganz anderes. Wie dieselben Menschen mit dir kommunizieren und mit dir umgehen, wenn du auf einmal in ihrem System bist, und wie sie das tun, wenn du wieder draußen bist. Für mich war das unglaublich spannend, wie stark Systeme und Rollen sind und wie sehr sie Kommunikation und Beziehungen beeinflussen.«

Beim Ankommen im neuen System stand freilich weniger die professionelle Analyse, sondern standen mehr ihre eigenen Emotionen im Vordergrund. »Nachdem die Chose offiziell war, habe ich mir die ZIB 2 angeschaut. Da saß der Peter Filzmaier – und da, wo ich immer gesessen war, stand bewusst ein leerer Sessel. Und dann sagt der Peter: Ja, wir werden schauen, wie sie sich tut auf der anderen Seite. Puh. Da bin ich dann dagesessen und habe mir gedacht, das war eine Wahnsinnsentscheidung«, erzählt sie von der damaligen Achterbahn der Gefühle. Wobei sie sich vor ihrer Entscheidung nicht nur mit ihrer Mutter und ihrem Mann beraten hatte, sondern auch mit einem Freund, der viel später selbst erfahren sollte, wie hart Politik sein kann: mit Christian Kern. »Ich habe mir gedacht, er ist sicher schon zigmal gefragt worden, ob er eine politische Funktion übernehmen will, also hab ich ihn angerufen und mir gedacht, er wird mir abraten und argumentieren, warum ich das sein lassen soll. Und dann sagte er: ›Du, ich würd's machen‹«, lacht sie noch heute und erinnert sich noch genau, wie Christian Kern das damals begründete: »Ich kenne dich so gut, du bist wie eine Katze, du wirst auf allen vier Pfoten landen.« Damals dachte sie sich: Warum sollte sie landen müssen? Später verstand sie diesen Ausspruch dann aber sehr gut. Und Christian Kern, von Mai 2016 bis Dezember 2017 SPÖ-Bundeskanzler, könnte über das Landen wohl auch einiges erzählen, aber das ist nicht unser Thema hier. Sophie Karmasin meint: »Meine Entscheidung, in die Politik zu gehen, habe ich nie bereut, ein zweites Mal würde ich es mir aber nicht antun. Sollte ich jemandem einen Rat geben müssen als Psychologin, würde ich mir genau anschauen, welche Ressourcen eine Person hat, die in die Politik geht. Aber auch welchen Gestaltungswillen sie hat, ob jemand für eine Sache, ein Ziel wirklich brennt. Denn es ist wirklich hart und es gibt genug Beispiele von Leuten, die das nicht gut verdaut haben.« Sie selbst hatte diese Ressourcen, in sich, durch ihren Mann, ihre Familie und offenbar auch durch die jahrelange Auseinandersetzung mit der Idee, selbst einmal politisch aktiv zu werden, wie ihr damals geäußerter Wunsch in meinem Fragebogen zeigt.

Damals erzählte mir die 1967 Geborene auch, dass ihr Alter für sie immer eine große Rolle spielte: »Mit einundzwanzig hatte ich einen Freund und ich dachte mir, mit einundzwanzig musst du schon einmal Schluss gemacht haben, und dann habe ich Schluss gemacht. Auch einen Freund im Ausland, dachte ich, muss man haben und hatte ihn dann auch. Und zwischen dreißig und einunddreißig war das ein bisserl ein Krampf – ich habe immer geschaut, was machen die anderen, was haben die schon?«, erzählte sie damals. Wie ist das jetzt? »Nein, das habe ich sozusagen für mein Leben erledigt.« Als Dreißigerin ordnete sich die Markt- und Meinungsforscherin selbst dem sogenannten Niveaumilieu nach Gerhard Schulze zu. Als Fünfzigerin sieht sie sich in dieser Skala im »Selbstverwirklichungsmilieu«. »Jetzt weiß ich mehr, was ich will, wie ich mein Leben gestalten will, das wusste ich damals nicht so genau. Heute habe ich natürlich auch eine ganz andere Perspektive, habe vieles ausprobiert und genieße es im Moment so, wie es ist. Ich habe momentan nicht das Gefühl, dass ich irgendetwas für irgendwen oder für mich machen muss. Ich habe ja auch so viel. Ich habe eine intakte Ehe, wir sind immer noch verliebt. Ich habe zwei Kinder, die sich entwickeln, wie sich Kinder eben entwickeln. Ich bin wahnsinnig stolz auf sie, sie sind super Personen geworden, das taugt mir wahnsinnig«, freut sie sich und betont auch noch einmal, wie wohl sie sich in ihrem Haus in Klosterneuburg fühlt, dass sich ihre beruflichen Entscheidungen im Nachhinein richtig anfühlen und dass ihr ihr Job wahnsinnig viel Spaß macht. Rundum zufrieden also? Na ja ... persönlich sehr, aber sobald Sophie Karmasin über die gesellschaftliche Situation von Frauen – und im Speziellen von Frauen jenseits der fünfzig – spricht, klingt das ganz anders.

FRAUEN HABEN ES IMMER NOCH SCHWERER

Im Grunde hätten es Frauen jetzt nicht besser als vor zwanzig Jahren, meint die ehemalige Familienministerin, die stolz darauf ist, in ihrer Amtsperiode den sogenannten Papa-Monat eingeführt zu haben oder den Partnerschaftsbonus, bei dem beide Elternteile einen finanziellen Bonus bekommen, wenn sie wirklich halbe-halbe machen. »Ich bin auch wegen dieser Ungleichheiten zwischen Frauen und Männern in die Politik gegangen«, sagt sie und erörtert, warum ihre damalige Meinung als Dreißigjährige, dass der Hauptunterschied in Karrierechancen zwischen Frauen und Männern durch Kinder entstehe, heute überhaupt nicht mehr ihre jetzige Meinung sei: »Es ist immer noch eine Frage der Wertigkeit, der sozialen Rollen und der Stereotype. Egal, ob du eine Frau mit Kindern oder eine Frau ohne Kinder bist, Frauen haben es immer noch schwerer. Das habe ich auch in der Politik gemerkt. Sagt die Frau etwas, sagt der Mann etwas – das hat nicht dieselbe Wertigkeit. Das ist auch im Parlament merkbar.« Sie kenne genügend Studien, die das belegten – es sei weniger wichtig, was jemand sage, als wer es sage. Das gelte nicht nur für hierarchische Kommunikation, sondern genauso für geschlechterspezifische. Und ganz abgesehen davon, würden Frauen in Österreich immer noch nicht gleichgestellt sein. »Ja, es gibt inzwischen ein paar Aufsichtsratschefinnen, aber das ist kein Gamechanger. Auch die Politik ist gefühlt immer noch eine Männerdomäne. Jetzt haben wir z. B. die Frau Anderl als Arbeiterkammer-Chefin, aber wie viele Frauen haben wir auf Sozialpartnerebene sonst? Keine.« Auch bei der medialen Präsenz von Frauen liege noch vieles im Argen, ganz besonders bei älteren. »Die Fünfzigjährigen feiert man nicht mehr so«, meint Karmasin. »Jugend hat in unserer Gesellschaft noch immer den höheren Wert. Die Weisheit des Alters, die Kompetenz oder auch Kontinuität in Lebensläufen ist in unserer medialisierten Welt kein Wert. Jung, fesch und kompetent, das zählt. Der schwierigere Weg wäre alterslos, kompetent, seriös.«

FRAUEN VERLIEREN SCHNELLER AN GESELLSCHAFTLICHER RELEVANZ

Und wie geht es ihr damit persönlich, als Frau, die ein Leben lang auch öffentlich gearbeitet hat? »Also, die Hälfte ist überschritten. Das ist weder besonders fröhlich noch ein netter Gedanke. Aber man muss auch die positive Seite sehen: Wenn man nicht älter wird, dann ist man nicht mehr da«, lacht sie und fügt an, dass das Älterwerden und auch Älteraussehen natürlich auch mit ihr etwas mache, »alles andere wäre gelogen«. Auch das ihrer Meinung nach immer noch ziemlich tabuisierte Thema Wechsel bei Frauen beschäftigt sie und sie bespricht es mit ihren Vertrauten und ihrem Mann »ohne Tabu«. »Aber natürlich ist das eine Zäsur: Du bist nicht mehr fruchtbar und verlierst ein gewisses Attribut. Du bist nicht mehr dreißig, sondern du bist eigentlich schon eine ältere Frau. Beides ist nicht wahnsinnig attraktiv. Wer spricht da schon gern öffentlich drüber?« Sie selbst schaue jetzt mehr aufs Essen, betreibe mehr Sport und nehme sich mehr Zeit für sich selbst, erzählt Sophie Karmasin, die natürlich auch genau beobachtet, wie Frauen ihres Alters in der Öffentlichkeit wahrgenommen werden. Als Studiogäste in TV-Sendungen würden Frauen, die jung und fesch sind, immer lieber genommen, das sei System, meint sie. »Frauen verlieren durch das Älterwerden mehr und schneller an gesellschaftlicher Relevanz als Männer. Also, eine Frau mit derselben Kompetenz wie ein Mann verliert schneller mit den Jahren«, erklärt sie sich die Tatsache, warum Frauen, und vor allem ältere Frauen, wesentlich weniger in TV-Diskussionsrunden zu sehen seien als gleichaltrige Männer. »Frauen spüren das und setzen sich dem weniger aus, nach dem Motto: Zoom auf die Falte. Das kommt noch dazu – Frauen wissen, dass sie auch nach wie vor stärker nach ihrem Aussehen beurteilt werden als Männer.«

Als Ministerin konnte sie ihre Anliegen für die Gleichstellung von Frauen und Männern einbringen, was und wie kann sie das als Mutter von zwei Söhnen tun? »Naja, erstens müssen sie alles lernen, was mit dem Haushalt zu tun hat. Ausreden wie: ›Ich weiß nicht, wie man die Waschmaschine andreht‹, gelten nicht«, sagt die Frau, die mir als Dreißigjährige berichtete, wie sie und ihre damals beste Freundin in der Schule »als die zwei Emanzen« galten und damals fest davon überzeugt waren, »dass sie Männer nicht brauchten« und mit ihrem damals ausgeflippten und bewusst »antiweiblichen« Outfit die anderen vor den Kopf stießen. Jetzt habe sie vor allem mit ihrem jüngeren Sohn oft halb ernste, halb spaßhafte Diskussionen über das, was Frauen machen sollten und was Männer. »Was du schon wieder glaubst, das stimmt ja alles gar nicht«, lacht sie, meine er dann manchmal, und: »Er nennt mich in diesen Diskussionen dann immer spaßeshalber Feministin.«

Einiges hat sich also verändert im Leben von Sophie Karmasin. Vieles klingt aber sehr ähnlich wie vor zwanzig Jahren. Ihr Eigenbild entspreche auch oft noch dem von früher. »Also man hat doch nicht dieses Bild von einem selbst, dass die Dreißigjährige neben einem vielleicht über einen selbst denken könnte, man sei diese mittelalterliche Frau. Oh was für ein schreckliches Wort!«, meint sie lachend. Aber was helfe es, »man ist jetzt eben nicht mehr der Jungspund. Ich merke das vor allem bei Bewerbungen. Puh, sind die jung! Da denke ich mir oft, wenn ich Geburtsdaten sehe – Hallo? Da habe ich gerade Matura gemacht. Es gibt inzwischen mindestens zwei Generationen nach uns, die jetzt im Berufsleben sind«, das sei ein Faktum. Wer weiß, welchem Milieu sich die heute Dreißigjährigen in der Skala von Gerhard Schulze zuordnen würden? Sicher nicht dem sogenannten Selbstverwirklichungsmilieu, wo sich Sophie Karmasin nun sieht. So bringt das Alter doch auch schöne Veränderungen …

DORIS KIEFHABER
ANGEKOMMEN UND ZUFRIEDEN

Der Weg zu Doris Kiefhaber führt in ein kleines, vollgeräumtes Büro in einem Hinterhofgebäude mitten in der Wiener Innenstadt. Wer nicht genau schaut, könnte das Türschild der Österreichischen Krebshilfe fast übersehen, so dezent ist es angebracht. In der ersten Reihe stehen und klotzen, das war nie ihr Ding, erzählt uns die Geschäftsführerin der Österreichischen Krebshilfe, die aber durch ihre Arbeit, und da vor allem durch die Pink Ribbon-Aktion, selbst seit Jahren in der Öffentlichkeit steht – nolens volens. Eigentlich hatte sie diesen Job, den sie vor zwanzig Jahren vor allem deshalb angenommen hatte, um mehr Zeit und Platz für ihre neue private Situation zu schaffen, ja nur maximal drei Jahre machen wollen. Damals mutierte Kiefhaber nämlich innerhalb weniger Monate von der Single-Karriere-Frau, die beruflich wochenlang vor allem in Osteuropa unterwegs war, zur Ehefrau und Stiefmutter. Inzwischen hat sie vier Enkelkinder, liebt und genießt das Großfamilienleben und kümmert sich mit Herz und Seele um schwer kranke Menschen. Die Vergänglichkeit hat sie in ihrem Beruf vor Augen wie kaum jemand anderer. Was das Älterwerden mit uns macht, wie wir im Lauf des Lebens unsere Bedürfnisse und Prioritäten verändern, wie viele Veränderungen auf den unterschiedlichsten Ebenen ihr Leben geprägt haben, das wollen wir von dieser beeindruckenden Frau unbedingt erfahren.

Meine Dreissiger waren Sturm und Drang

»Die Welt niederreißen, unsterblich sein, Optimismus, keine Zukunftsängste, ungebunden sein, nach meiner Scheidung als Single neu durchstarten«, beschreibt Kiefhaber mit Leuchten in den Augen ihr Lebensgefühl als junge Frau. Seit ihrem Schulabschluss an einer HAK arbeitete Kiefhaber im medizinischen Bereich, richtete Spitäler ein, war viel in Polen und Russland unterwegs, wo sie als junge Frau viele prägende Begegnungen hatte, Freundschaften fürs Leben schloss, aber auch unangenehme Situationen erleben musste. Da ging es nicht mehr nur um fehlende Akzeptanz von Frauen in wichtigen Positionen. Mehr als einmal versperrte sie ihr Hotelzimmer so fest es ging, um sich als Frau sicher zu fühlen.

Dass Frauen und Männer auch in Österreich nicht gleichberechtigt waren, erlebte Kiefhaber bereits in jungen Jahren, als ihr ein Schulkollege, der sich mit ihr um denselben Job beworben hatte, erzählte, um wieviel mehr er in diesem Job verdient hätte als sie. Als sie in ihrer Jugend »sehr aktiv« Tennis spielte, konnte sie es nicht glauben, dass die Bubenmannschaft mehr Schläger gratis bekam als die der Mädchen. »Aber ich habe das erlebt, als Zeitzeugin, wenn man so will.« Diese Ungerechtigkeiten seien ihre Motivation gewesen, sich selbstständig zu machen. Doch als sie nach dreizehn Jahren Selbstständigkeit zur Krebshilfe kam, wurde sie, wie sie erzählt, auch deshalb genommen, weil sie weniger verlangt habe als der Mann, der sich damals für denselben Job interessierte. Trotzdem entschied sich Kiefhaber für die Selbstständigkeit, obwohl sie auch ein Angebot eines internationalen Medizintechnik-Konzerns mit Sitz in Deutschland hätte annehmen können – aus privaten Gründen, denn Doris Kiefhaber holte das Kinderthema ein, obwohl sie damit eigentlich schon abgeschlossen hatte.

Plötzlich doch Mutter

»Rund um meinen 30. Geburtstag waren Kinder für mich ein großes Thema. Meine heiß geliebte Oma war 1901 geboren, meine Mutter 1931, ich 1961. 1991 spürte ich fast so etwas wie eine Verpflichtung: Das musst du fortsetzen. Nur passten die Umstände eigentlich gar nicht, ich hatte mich gerade selbstständig gemacht und, und, und. Aber pünktlich Anfang 1991 bin ich ungewollt schwanger geworden, habe das Baby dann aber leider verloren. Und irgendwie war das Thema damit durch, ich konnte dann auch nicht mehr schwanger werden. Irgendwie hatte mir das Schicksal diese Kinderentscheidung aus der Hand genommen« – und Jahre später anders wiedergebracht, als sich Doris in einen um vierzehn Jahre älteren Mann verliebte, der zwei Söhne hatte, und innerhalb kürzester Zeit vom Single zur verheirateten Frau und Stiefmutter wurde. »Und dann war ich plötzlich doch Mama. Die Wucht der Verantwortung habe ich dann sehr deutlich gespürt. Sein jüngerer Sohn, damals elf Jahre alt, wollte bei uns leben, wir bekamen auch das alleinige Sorgerecht zugesprochen. Und ich wollte ihm, der sich in seinem anderen Zuhause offensichtlich nicht wohlgefühlt hatte, unbedingt ein Zuhause geben, wo er wirklich gern ist. Da war's mit meiner Freiheit dahin.« Und so kam die Entscheidung für einen karitativen Job, der schon bald ihre Herzensangelegenheit werden sollte.

Charity war für sie bis dahin kein großes Thema gewesen. In Polen hatte sie ein bisschen bei einem Benefiz-Konzert mitgearbeitet, das ein Herzchirurg organisiert hatte und wo damals auch die Startenöre Domingo, Carreras und Pavarotti auftraten. Und in ihren letzten beiden Jahren bei Olympus, »da haben wir den Life Ball gesponsert, da habe ich Gerry Kessler kennengelernt und gesehen, wie er das anlegt, und das war schon sehr faszinierend. Aber nie habe ich mir gedacht, dass ich so etwas in der Art auch einmal machen will.« Hat sie aber. Die Pink Ribbon-Aktion wurde von Doris Kiefhaber nach Österreich geholt, sie hatte sie während eines längeren USA-Aufenthaltes kennengelernt und als Geschäftsführerin der Krebshilfe Jahre später dann in Österreich etabliert. »Inzwischen haben wir zirka fünfzig Partner aus der Industrie, die Produkte jedes Jahr unserer Aktion widmen. Wir haben unzählige Pink Ribbon-Botschafterinnen, die uns helfen, mehr Bewusstsein für Brustkrebs zu erzeugen und damit auch mehr Spenden zu sammeln. Seit Beginn der Aktion 2002 wurden bis 2020 fast neun Millionen Euro gesammelt und damit mehr als 80.000-mal Brustkrebspatientinnen konkret geholfen. Pink Ribbon ist ihr berufliches Baby, für krebskranke Frauen und ihre Angehörigen da zu sein, ihr größtes Anliegen. »Ich will, dass wirklich jede und jeder weiß, dass man sich an uns wenden kann, auch an mich direkt per Mail. Ich möchte hören, woran es fehlt, woran es krankt.« Vorsorgeuntersuchungen sind auch ein wichtiges Thema der Krebshilfe – wie schwer sich viele damit tun, kann Kiefhaber selbst bestens nachvollziehen: »Also, wäre ich nicht bei der Krebshilfe, wäre ich so wie die meisten, man müsste mich wirklich stupsen. Ich handle brav ab, was ich predige. Ich gehe also zur Mammografie, zum Krebsabstrich, zur Darmspiegelung, lass mir die Haut genau anschauen. Aber vor jeder dieser Untersuchungen ist es ein Horror. Blitzartig tun sich alle Szenarien, alle Geschichten auf.«

Schönheitswahn – Was soll denn das?

Und schlimme Geschichten erlebt und begleitet Kiefhaber viele – und sie erfährt dabei auch, welche Prioritäten manche Patientinnen zu Beginn einer Erkrankung haben. »Was mich wirklich traurig und zum Teil auch wütend macht, ist, wenn ich erlebe, wie Frauen, die sich ihr Leben lang darauf fokussiert haben, Konfektionsgröße 34 zu tragen, im Zuge ihrer Erkrankung Panik haben, dass sie ihre Haare verlieren, weil man ihnen dann ja ihre Krankheit ansehen könnte. Oder weil sie der Mann dann verlassen würde. Es gibt wirklich Frauen, die deshalb eine Chemotherapie ablehnen«, erzählt sie. »Das macht mich so wütend, was uns diese Schönheitsindustrie vorgaukelt und wie manche Frauen das wirklich unter Druck setzt. Besonders in meinem Alter, ab fünfzig: ewige Jugend, Schönheitswahn – was soll denn das? Natürlich sehe ich auch an mir die Zeichen der Zeit, aber die Knie lasse ich mir nicht liften, damit ich wieder einen Minirock tragen kann«, lacht Kiefhaber.

Bei ihr selbst habe sich mit den Jahren vieles verändert und verschoben diesbezüglich. »Wenn ich mich vergleiche zu früher, ich wäre früher nicht ungeschminkt aus dem Haus gegangen. Das hat sich total verschoben. Man kennt mich, die Haare hinten zusammengebunden, meist ungeschminkt. Weil mir das nicht wichtig ist. Das hat sicher viel mit meinem Beruf zu tun.« Wer so intensiv und tagtäglich mit den essenziellen Fragen konfrontiert wird, die auftauchen, wenn das Ende droht, will sich nicht mehr mit Oberflächlichem abgeben. »Es hat sicher auch mit meinem Alter zu tun, dass ich endlich gelernt habe, Nein zu sagen. Ich war ja eine begnadete Ja-Sagerin früher. Aber wenn ich jetzt nicht auf eine Abendveranstaltung gehen will, dann sage ich auch die Wahrheit – dass ich nicht will und lieber auf meinem Sofa liege. Ein lieber Freund meint, ich sei früher eine Menschenfreundin gewesen und eine Misanthropin geworden«, schmunzelt sie. Und da sei schon etwas dran, Oberflächlichkeit könne sie nicht mehr ertragen: »Mein Freundeskreis ist kleiner geworden. Und ich verbringe lieber einen Abend mit einer Patientin, so traurig ihre Geschichte auch sein mag, und rede mit ihr, als auf irgendeinem Event hundertmal zu hören: ›Wie geht's Dir?‹, aber die Antwort will eh niemand wissen, weil es nur eine Floskel ist.« Mit den Jahren sei sie aber auch gelassener geworden, meint Kiefhaber. »Die Qualität meines Alters ist, dass ich zufrieden bin. Ich habe das Gefühl, nichts versäumt zu haben. Ich bin angekommen, beruflich wie privat.«

Und trotzdem bleibt ein Teil in ihr kämpferisch. »Ich glaube, dass wir Frauen in unseren Dreißigern naiv waren, was die Gleichberechtigung mit Männern betrifft. Ich glaube, dass wir in unserem Alter zum Teil resigniert haben, uns arrangiert haben, aber ein Teil von mir rebelliert immer noch. Das ist so eine Drittel-Drittel-Drittel-Geschichte und solange mein Herz schlägt, werde ich mich wehren, wenn es eine Ungerechtigkeit gibt, zum Beispiel in der Frage, ob eine Frau besser geeignet wäre für einen Job als ein Mann.« Erst in der übernächsten Generation, so glaubt Kiefhaber, werde es echte Gleichberechtigung zwischen Frauen und Männern geben. Wobei ihrer Meinung nach Frauen manchmal auch selbst daran schuld sind, wenn das vielzitierte 50 : 50 nicht funktioniert. »Die partnerschaftliche Aufteilung würde manchmal vielleicht sogar funktionieren, wenn wir Frauen Abstriche machen würden von unserem Perfektionismus. Mein Mann hätte zu Hause sicher auch die Hälfte übernommen, aber die Hälfte wurde so definiert: die Hälfte dessen, was notwendig ist. Aber ich hätte viel mehr als notwendig empfunden. Das hat sicher auch mit der weiblichen Emotion, mit unserer Zuwendung bis hin zur Aufopferung gerade für unsere Kinder zu tun«, räsoniert sie.

FRAUEN AB FÜNFZIG WERDEN OFT AUSGEBLENDET

Aber auch die gesellschaftliche Wahrnehmung hat ihrer Meinung nach noch wenig mit Gleichberechtigung zwischen den Geschlechtern zu tun. Ältere Frauen, also Frauen ab fünfzig, würden in Österreich in der Öffentlichkeit immer noch ausgeblendet. »Diese Slogans ›Fünfzig ist das neue Dreißig‹ und wie sie alle heißen, die mögen für uns Frauen gelten, weil wir uns so fühlen und wahrnehmen. Aber draußen, die

Buberlwelt, die nimmt uns nicht so wahr«, ist sie sich sicher. Sie selbst könnte mit Dezember 2021 in Pension gehen, werde das aber mit Sicherheit nicht tun. Weil sie sich das für sich überhaupt noch nicht vorstellen kann und weil sie ganz vehement der Meinung ist, dass das Erwerbsleben anders und neu organisiert gehört. »Wir sollten, wenn wir uns nach zehn, fünfzehn Jahren beruflich etablieren konnte, die Möglichkeit bekommen, eine Arbeitspause einzulegen, zur Neuorientierung, aber auch, um uns um unsere Kinder, Familien kümmern zu können – und im Gegenzug wesentlich länger arbeiten dürfen. Ich mag nicht sehr viel an den USA, aber dass ältere Menschen dort zum Beispiel im Verkauf tätig sind, ist auch ein Programm gegen das Vereinsamen im Alter. Das wäre ein totaler Paradigmenwechsel und würde gerade Frauen viel mehr Flexibilität in ihrer Lebensplanung schaffen. Ich würde gerne, wenn es mir gegönnt ist und ich fit bin, auch mit achtzig noch etwas Nützliches tun. Nur garteln oder basteln würde mir nicht reichen.« Wobei man hier anmerken muss, dass Doris Kiefhaber Häkeln, Nähen, Kochen oder Heimwerken liebt und wohl kaum jemand derartig liebevolle und aufwendige Weihnachtsdekorationen selbst gestaltet wie sie – aber eben als Ausgleich zu ihrem fordernden Job, nicht als Lebensinhalt.

Venedig ist eine weitere ihrer großen privaten Leidenschaften. Und ab und zu, wenn sie sich überlegt, wie das sein könnte, wenn sie alt sein wird und eben doch in Pension, dann hat Doris Kiefhaber zwei Visionen. »Ich würde wahnsinnig gerne als lustige Alte in Venedig enden. Ohne Rollator durch die Gassen gehen zu können, das wäre mir dann eine große Motivation«, lacht sie. »Oder in einem kleinen Blockhaus an einem Bergsee, wo ich nur handwerken kann und wo wirklich niemand anderer ist.« Doch bis dahin wird sie sich weiterhin öfter ins gesellschaftliche Getümmel begeben, als ihr eigentlich lieb ist. Aber wenn es der Sache hilft, wenn so weitere Spenden gesammelt werden können, wenn Krebs damit weiter enttabuisiert und hoffentlich immer besser behandelbar wird, dann wird sie sich das Pink Ribbon ans Revers heften und dabei sein. Eines, erzählt sie uns zum Abschluss lachend, sei bei ihrer Arbeit mit zunehmendem Alter wirklich viel angenehmer geworden: Männer wollten immer weniger mit ihr flirten. »Früher, als ich selbstständig war und oft auch mit Firmenchefs verhandeln musste, schwang oft, ob man wollte oder nicht, ein gewisser Flirtfaktor mit.« Gibt es also eine Altersgrenze für das Flirten? Das wisse sie nicht, sagt Doris Kiefhaber, aber bei ihr sei das definitiv so. »High Heels tue ich mir sicher nicht mehr an. Da tun mir die Füße weh. Auch meine männlichen Gegenüber sind ja älter geworden, und jetzt verhandelt oder redet man einfach miteinander und basta. Manche Frauen jammern darüber, dass ihnen Männer nicht mehr nachschauen. Also ich finde das wirklich angenehm und einen Vorteil meines Alters.«

Catherine Cziharz
Jetzt komme ich mir nicht mehr alterslos vor

»Mir war immer klar, dass man als Frau mit Lebenserfahrung in einer anderen Liga spielt«, erinnert sich Catherine Cziharz an ihre Wahrnehmung von älteren Frauen, als sie selbst jung war. Als Dreißigjährige war ihr immer wieder aufgefallen, dass viele Frauen um die fünfzig »ordentlich was drauf haben«, diese aber für sie in einer völlig anderen Welt lebten. »Darüber muss ich schon sehr schmunzeln, weil ich mir ja jetzt wiederum nicht vorstellen kann, dass ich den heute Dreißigjährigen so viel älter vorkomme, als mir damals Fünfzigjährige vorgekommen sind.« Denn eigentlich fühlt sich die Co-Geschäftsführerin eines Unternehmens, das sich mit nachhaltigem, ethischem Investment und Nachhaltigkeits-Research beschäftigt und in Österreich ein Vorreiter seiner Branche ist, ihren jüngeren Kolleginnen teilweise auch sehr nah. Aber eben auch anders. »Nicht mehr alterslos«, wie es die zweifache Mutter selbst formuliert. Ein Prozess, der bei ihr erst ab Mitte Vierzig begonnen habe. Genauso wie sie erst spät ihr Frausein realisiert habe, »mit allen Vor- und Nachteilen sozusagen«. Das kommt überraschend aus dem Mund einer Frau, die in unserem Gespräch zu diesem Buch sehr reflektiert und analytisch wirkt. Als junge Frau sei sie vor allem von einer Art Aufbruchsgefühl geprägt gewesen, auf der Suche nach Herausforderungen, beruflichen Aufgaben, die sich im Rückblick immer eher zufällig als bewusst geplant ergeben hätten.

Catherine Cziharz wuchs in Graz auf, der Vater war Architekt, die Mutter Lehrerin, die auch Architektur studiert hatte »Die Frauen in meinem unmittelbaren Familienumfeld waren alle berufstätig und unabhängig. Das hat mich in meiner Haltung und Selbstständigkeit geprägt und dafür bin ich auch dankbar.« Nach der Matura ging sie als Au-pair nach New York, lebte dort bei einer alleinerziehenden vierzigjährigen Architektin und passte auf deren vierjähriges Kind auf. »Das war sehr neu und aufregend. Sie war eine voll berufstätige, für mich damals ›alte‹ Mutter, die ihr Kind aus den Umständen heraus betreuen lassen musste. New York City lernte ich so von einer ganz anderen Seite kennen als die meisten. Ich verbrachte meine Zeit auf den Spielplätzen im Central Park, mit Nannys aus aller Herren Länder und bin eingetaucht in eine Art Familienleben einer Alleinerziehenden.« Ob sie später auch selbst einmal Kinder haben wollte, beschäftigte sie mit ihren neunzehn Jahren noch überhaupt nicht. »Mit konkreten Zukunftsvorstellungen habe ich mir immer schwergetan und tu mir das eigentlich noch immer«, erzählt Catherine, die nach ihrem Aufenthalt in New York in Graz Jus studierte und über die Universität Graz bereits vor Österreichs EU-Beitritt die Möglichkeit bekam, im Rahmen des ersten Erasmus-Programms ein Auslandsstipendium in der süditalienischen Bergregion Abruzzen zu absolvieren. »Jeder meiner Auslandsaufenthalte war auf seine Weise prägend und brachte eine neue Horizonterweiterung mit sich.«

Wenig erstaunlich also, dass sie nach Abschluss des Studiums und des Gerichtsjahres die berufliche Chance wahrnahm, als Redenschreiberin für die Europäische Kommission nach Brüssel zu gehen – auch wenn das bedeutete, eine Fernbeziehung mit ihrem jetzigen Mann zu führen, den sie im letzten Studienjahr kennengelernt hatte. Auf ewig war das für beide nicht vorstellbar, also ging sie nach Österreich zurück, nach Wien, wo ihr Partner inzwischen arbeitete, und vervollständigte ihre Ausbildung mit einem Master in Public Relations. Geschrieben hatte sie schon immer gern, auch schon in ganz jungen Jahren, hauptsächlich für Zeitungen. »Auf einmal entstand bei mir das Gefühl, dem Leben irgendwie gezielter eine Richtung geben zu wollen. Zwar noch nicht ganz klassisch, mit Wohnung, Baum, Kind, aber letztendlich dann ja doch«, erzählt sie und heiratete im Jahr 2003 ihren langjährigen Freund. 2006 kam ihre Tochter, 2010, kurz vor ihrem 40. Geburtstag, ihr Sohn auf die Welt. »Mein Verständnis von Arbeit und Kompatibilität mit dem Leben hat sich durch meine neue Rolle als Mutter stark verändert. Also alleine, ohne Kinder, hatte ich, glaub' ich, zum Beispiel noch nie Butter gekauft. Der Kühlschrank war irgendwie nicht wahnsinnig frequentiert«, lacht sie. »Mein Arbeitsleben hatte früher ja ein Open End, es war frei gestaltbar, plötzlich hat man mehrere Rollen. Man muss auf einmal mehrere Jobs erledigen. Das war schon ein Einschnitt.«

Obwohl die Aufteilung der Familienagenden mit ihrem Mann sehr partnerschaftlich funktionierte und zwei Großmütter trotz räumlicher Entfernung öfter mithalfen, spürte sie diese neuen Herausforderungen und Fragestellungen in ihrem Leben intensiv. »Wenn man seine Kinder noch vor dem Schlafengehen sehen möchte, dann ist klar, dass man früher aus dem Büro weggehen muss. Es ist ja auch nicht nur eine physische, sondern auch eine psychische Präsenz notwendig, man muss ein Energielevel halten können. Und irgendwann muss man sich auch entscheiden, damit zufrieden zu sein, dass nicht alles zu hundert Prozent gehen kann«, schildert sie diese große Lebensumstellung. »Als meine Tochter in die Kinderkrippe kam, da wurde ich mir meiner Mutterrolle erst so richtig bewusst – und der Erwartungen der anderen an mich in dieser Rolle. Zum Beispiel am Spielplatz – plötzlich die Auseinandersetzung mit anderen Müttern. Das hat verstärkt zur kritischen Selbstreflexion geführt inklusive Selbstzweifeln, die es in solchen Lebensphasen des Umbruchs ja immer gibt.« Und trotzdem fühlte sie sich damals mit vierzig immer noch recht jung und irgendwie alterslos.

BEWUSSTER UMGANG MIT SICH SELBST

»Ich glaube, so ab Mitte vierzig, da ist mir mein Alter plötzlich in physischer wie auch psychischer Dimension bewusster geworden.« Wie dürfen wir uns das vorstellen? »Ich habe mich scheinbar mehr gespürt ab diesem Alter. Ich habe begonnen wahrzunehmen, dass ich mich verändere. Innerlich habe ich seit damals das Gefühl, dass ein Reifungsprozess passiert, was meinen Blick auf die Welt, aber auch was meine Reflexionsfähigkeit angeht – sicherlich auch durch meine Auseinandersetzung mit den Kindern und der Dynamik der Familie. So eine Familie ist ja keine ›g'mahde Wiesn‹, sondern da bedarf es viel Landschaftspflege«, erklärt sie sich selbst ihren Veränderungsprozess. »Auch physisch habe ich gemerkt, dass ich mich auch um mich selbst kümmern muss. Ich war schon immer recht sportlich. Aber jetzt muss ich bewusster umgehen mit mir und Ruhephasen sind ein Thema, das war früher nicht so.«

Bewusster mit Ressourcen umzugehen, das ist auch zu Catherine Cziharzs beruflichem Thema geworden. Mit der Ausbildung zur Corporate Social Responsibility-Managerin spezialisierte sie sich auf das Thema Nachhaltigkeit und begann zuerst als Nachhaltigkeitsanalystin, später als Co-Geschäftsführerin einer Firma für Nachhaltigkeitsresearch und ethisches Investment, die schon sehr früh in jenem Feld tätig wurde, das mittlerweile absolut im Fokus steht. Allzu lange ist es nicht her, dass die meisten mit dem Begriff Nachhaltigkeit noch nichts anfangen konnten. »Ich habe das Thema über den englischen Begriff sustainability kennengelernt und ich kann mich noch erinnern, dass wir den weder aussprechen, geschweige denn verstehen konnten. Auch auf der Uni war davon bei uns nie die Rede gewesen.« Damals ging es um europäische Agrarpolitik und ländliche Entwicklung. Mich hat das Konzept, das Verständnis mit Ressourcen so umzugehen, dass sie auch den nachkommenden Generationen zur Verfügung stehen, von Anfang an angesprochen. Nachhaltigkeit fußt ja auf drei Säulen – das sind die ökonomische, die ökologische und die soziale Dimension. Und dazu gehören, wenn man ein Unternehmen auf Nachhaltigkeit hin analysiert, natürlich auch Kriterien wie Geschlechtergleichstellung, der Gender-Pay-Gap oder Altersdiskriminierung. Gerade was die viel diskutierte Frauenquote und Gleichberechtigung im Job betrifft, ist Österreich keinesfalls vorbildlich. Von achtundfünfzig börsennotierten Unternehmen gibt es gerade einmal sieben mit weiblichen Vorstandsmitgliedern. Eine Studie hat vergangenes Jahr gezeigt, dass der Frauenanteil in Österreichs Vorständen zurückgeht, während er in Deutschland steigt. Bei den Aufsichtsräten hingegen verhält es sich scheinbar aufgrund der gesetzlich eingeführten Quote anders: Hier steigen auch bei uns die weiblichen Aufsichtsratsmitglieder.

GESELLSCHAFTLICHE UNGERECHTIGKEITEN HABEN MICH SCHON IMMER BERÜHRT

Als das Nachhaltigkeitsthema anfangs noch nicht so ernst genommen wurde, also von vielen Chefs als sogenanntes weiches Thema eingestuft wurde, landete es zuerst in der PR-, manchmal auch in der Marketingabteilung, wurde also geradezu instinktiv hauptsächlich bei Frauen verortet. Da habe sich, so Cziharz, in den vergangenen Jahren vieles verändert, da klar wurde, dass das ein zentrales, wichtiges Thema ist und Verantwortung und Steuerung von Vorstandsebene aus braucht. »Dabei ist es für die Sache an sich eigentlich egal, ob eine Frau oder ein Mann das Thema beackert«, sagt Cziharz, die sich erinnert, sich schon als Mädchen mit dem Thema Gleichberechtigung und Gerechtigkeit beschäftigt zu haben. »Als ich zwölf Jahre alt war, wurde ich für eine Tageszeitung zum Thema: ›Gleiche Rechte für Mädchen und Buben‹ befragt und ich habe damals kritisiert, dass Frauen nicht Pfarrerinnen werden dürfen. Keine Ahnung, weshalb mich gerade das so beschäftigt hat, aber gesellschaftliche Ungerechtigkeiten haben mich eigentlich schon immer in irgendeiner Form berührt. Aber für mich war und ist da immer der humanistische Ansatz im Vordergrund gestanden, wo es nicht vor allem um das Thema Mann / Frau geht, sondern um das Menschsein an sich und um gleichberechtigte Bedingungen.«

Nachhaltigkeit gehört auch zu ihrem privaten Lebensstil. »Ich glaube, es geht darum, im Leben Interessen zu finden, die über einen konsumistischen Zugang hinausgehen. Mir sind zum Beispiel Natur und Bewegung wichtig, aber auch, die Welt in ihrer Komplexität über Kunst und Kultur verstehen zu lernen. Dieses Interesse versuche ich auch in meinen Kindern zu wecken.« Und auch ihr Reiseverhalten ist davon geprägt. »Ich finde Zugfahren super. Und ich weiß, mit einer Flugreise habe ich mein Autofahren für ein Jahr mit einem Mal konsumiert. Also das ist schon eine bewusste Entscheidung, dass ich darauf schaue«, schildert sie und fügt an, dass unsere Generation ja an sich relativ konformistisch und konventionell sei. »Natürlich gab es Mitte der Achtziger die Hainburger Au. Aber wir waren damals mit vierzehn, fünfzehn ja fast noch zu jung. Es gab den sauren Regen, das Waldsterben und die FCKW-freien Kühlschränke, daran erinnern wir uns noch. Aber natürlich waren wir auch eine Generation, die lange ohne nachzudenken geflogen ist.« Deshalb freut sie sich über Bewegungen wie »Fridays for Future« der heutigen Jungen, »weil sie erkannt haben, dass es notwendig ist, sich wieder für etwas einzusetzen«.

DIE MIDLIFEKRISE HAT SICH UM ZEHN JAHRE NACH HINTEN VERSCHOBEN

Apropos Sinn – oder Sinn*suche:* Ein klassisches Thema in der Mitte des Lebens, beschäftigt das auch sie? »Die Midlifekrise, die unsere Eltern so Ende dreißig, Anfang vierzig hatten, die hat sich – wie auch das Kinderkriegen in unserer Generation – um zehn Jahre nach hinten verschoben. Weil: Natürlich sind wir in unserem Alter jetzt in einer Art Transformationsphase, denke ich. Ich beobachte das auch bei meinen Freundinnen, aber ich erlebe das als sehr positiv. Ich verstehe mich auch mit meinen Freundinnen noch besser«, lacht sie. Woran das liegt? »Es hat wohl etwas mit Essenz zu tun, Wesentlicheres rückt in den Fokus und wird offener thematisiert.«

So viel zu den inneren Veränderungen, aber was ist mit dem Äußerlichen, dem sichtbaren Älterwerden? »Naja, in der Früh erkennt man sich manchmal selbst nicht mehr«, lacht sie, »aber was mir im Moment gut gefällt, ist, dass graue Haare auch bei Frauen mittleren Alters salonfähig geworden sind. Und überhaupt eine Selbstverständlichkeit, mit dem Körper zu leben, der natürlich auch das Leben abbildet. Ich sehe diese Gelassenheit bei einigen meiner Freundinnen und das gefällt mir sehr.« Gleichzeitig könne sie aber auch jene Frauen verstehen, die mit Botox und Co. gegen die Zeichen der Zeit kämpfen – nur wenn es allzu exzessiv wird, sei dieser Schönheitswahn zu hinterfragen. Aber jede gehe eben auf ihre Art mit dem Älterwerden um – und mit den damit verbundenen hormonellen Veränderungen: »Ja, die Hormone knallen«, lacht sie, »dieser Veränderungsprozess geht nicht unbemerkt vorbei«. Und wenn dann die Tochter in die Pubertät kommt und die Mutter in den Wechsel? »Ich finde das sehr spannend, weil ich dann manchmal spüre, wir ähneln einander. Mein Verständnis für ihre Befindlichkeiten wird dadurch auch größer, dann wieder bin ich gereizter.« Und was sagen die Männer der Familie, also Vater und Sohn zu den Launen der Damen? »Da gibt es schon manchmal große Augen, fassungslose Blicke«, lacht Catherine, die ihren 50. Geburtstag wenige Tage nach unserem Interview feiert. »Mein Sohn hat unlängst gesagt: ›Jetzt wirst du fünfzig und ich werde zehn.‹ Na, da habe ich ihm eine gemeinsame Party vorgeschlagen, also ich bin eigentlich ziemlich heiter, was diesen bevorstehenden runden Geburtstag betrifft. Für ihn ist es, glaube ich, ein viel größerer Schritt, dass er zehn wird.« Wenn er maturiert, wird sie achtundfünfzig sein, ein manchmal seltsamer Gedanke, andererseits: »Ich bin froh darüber, dass ich meine Kinder jetzt so bewusst erleben kann. Es ist lustig, wenn er mich über Harry Potter und Quidditch im Wandel der Zeiten aufklärt. Die Kinder halten mich sicher zu einem gewissen Grad auch jung – und up to date.« Und Role Models habe sie ohnedies noch nie entsprechen wollen. »Aber jede und jeder muss für sich selbst Parameter finden. Wie zum Beispiel: Man möchte sich mit fünfundfünfzig noch die Schuhbänder zubinden können und mit siebzig sowieso.« schmunzelt Catherine, die seit Jahren Yoga und Pilates praktiziert »Es kommt eh immer anders, als man denkt« – ein Satz, der sie sehr geprägt hat. Also wozu sich vorstellen, wie sie sein und sich fühlen werde in weiteren zehn Jahren? Tätig bleiben und schauen, was das Leben bringt und sich vielleicht doch ein bisschen an Frauen orientieren, die sie beeindrucken. »Ich finde so wirklich gescheite Frauen faszinierend. Wenn ich auf Ö1 Interviews mit wirklich alten Frauen, also über neunzig höre, mit Philosophinnen oder Psychoanalytikerinnen oder anderen Wissenschafterinnen, dann denke ich mir: Genau das ist es. Die haben wirklich noch einen Text.«

Doris Gruber
Prepare for Menopause

Es ist ein Wiedersehen nach fast zwanzig Jahren. Doris Gruber war eine der Frauen, die im Buch »30erinnen. Portraits von Frauen, die schon weit gekommen sind« mit ganz klaren und starken Ansagen ihre Lebenseinstellung und ihr Lebensfeeling als extrem erfolgreiche Frau um die dreißig schilderte. »Wenn es einmal einen Mann gibt, mit dem ich mir vorstellen könnte, mich zu reproduzieren«, meinte sie damals, dann wäre ein Kind schon ein Thema, »wenn nicht, dann lieber nicht«. Oder sie erzählte, wie sie es geschafft hatte, ihr Studium in Mindestdauer durchzuziehen und sich damals als erst sechste Frau in Österreich im Fach Gynäkologie zu habilitieren. »Ich bin mit dem Ziel ins Studium gegangen: Ich mach das in zwölf Semestern fertig, weil zwölf Semester dauert das, und das habe ich durchgezogen.« Ihre wissenschaftliche Arbeit verfolgte sie als Schülerin des Hormonspezialisten Prof. Johannes Huber mit größter Verve. Auf Urlaub zu gehen hielt sie für überbewertet, Urlaubstage nahm sie sich meist nur, um an internationalen Kongressen teilnehmen zu können, dafür aber mit ein paar Tagen Verlängerung an so manch schönem Ort. Doris Gruber etablierte sich als Hormonspezialistin, was zunehmend auch medial wahrgenommen wurde. Ging und geht es um Hormonfragen, wurde und wird die Gynäkologin von JournalistInnen interviewt, in TV-Talkrunden eingeladen – als eloquente Diskussionsteilnehmerin, die sich nicht davor scheut, mit ihrer klaren Meinung auch Kritik einzustecken.

Dass biologische Unterschiede zwischen Mann und Frau eine, so drückte sie das in »30erinnen« aus, »totale Gleichberechtigung eigentlich nicht erstrebenswert machen«, war und ist eine ihrer Überzeugungen, zu der sie nach wie vor steht, mit der sie nicht im Meinungs-Mainstream liegt, aber Mainstream war soundso noch nie ihre Sache. Auf die Anfrage, ob sie bereit wäre, für unser neues Buch wieder so offen zu erzählen, Bilanz zu ziehen über die vergangenen zwanzig Jahre und auch ihre eigenen Aussagen von damals neu zu bewerten, kam in kürzester Zeit eine begeisterte und sehr herzliche E-Mail.

Wir verabredeten uns zum Interview in ihrer Ordination, Frau Dr. Gruber öffnete die Tür und da steht genau die Frau, mit der ich vor zwanzig Jahren das letzte Mal über das Leben philosophiert habe: Genau so war sie, die erfolgreiche Dreißigerin, so hat sie ausgesehen, so hat sie gesprochen – wir waren uns seitdem nie mehr persönlich begegnet. Wir freuen uns und lachen gemeinsam über die Jahre, die wir mittlerweile auf dem Buckel haben, darüber, dass wir uns aber selbstverständlich längst nicht so fühlen, wie wir damals als Dreißigjährige Frauen in unserem jetzigen Alter gesehen haben: als alt nämlich. »Wo ist die Falle, dass wir uns nicht als alt empfinden?«, scherzt Gruber, »wobei man schon sagen muss, die Fünfzigjährigen von heute sind nicht mehr wie Fünfzigjährige vor fünfzig Jahren. Weil, das muss man schon anerkennen und sehen, da hat sich wahnsinnig viel getan, auch medizinisch.« Womit wir schon mitten im Thema dieses Buches sind. Aber zuerst einmal zum Persönlichen.

Hormone programmieren unser Gehirn auf Brutpflege

Was waren die größten Veränderungen seit damals? »Eine der größten Veränderungen ist natürlich die berufliche Weiterentwicklung. Aber der entscheidendste und nachhaltigste Einschnitt in meinem Leben war die Geburt meines Sohnes. Ein Kind zu bekommen, das stellt dein Leben vollkommen auf den Kopf. Also, wenn du ein Kind kriegst, gibst du deine ›alte Persönlichkeit‹ ab – die lässt du im Kreißsaal. Du kommst schwanger rein und gehst als anderer, ›neuer Mensch‹ –, als Mutter hinaus. Das ist so. Das können sie genau so schreiben!« Man glaube es nicht, wie ein Kind das Leben umkrempeln kann. Auch sie habe das nicht einmal den wichtigsten Vertrauenspersonen glauben können, die ihr vor der Geburt ihres Sohnes im Jahr 2004 zu schildern versuchten, wie sehr ein Kind das Leben verändere. Stolz zeigt sie das Foto ihres feschen Sohnes, das auf ihrem Schreibtisch in der Ordination steht. »Er ist ein wunderbares Geschenk und die größte Bereicherung für uns. Ich stand damals wirklich mitten in meinem Leben. Ich hatte die Arbeit an der Klinik, ich hatte meine Ordination und ein schönes Leben rundherum. Mit der Geburt meines Sohnes habe ich die Arbeit am AKH aufgegeben. Es gab keinen Druck, es war kein ›Muss‹, es war ein Bedürfnis, Mutter sein zu können. In die Ordination bin ich aber sehr wohl drei Wochen nach der Geburt wieder regelmäßig gegangen. Es war alles so schön und so normal und mein Sohn war herzlichst willkommen.« Der Mann, mit dem sie sich vorstellen konnte, »sich zu reproduzieren«, kam also? »Ja, der richtige Mann ist gekommen. Ich weiß noch, was ich damals gesagt habe«, lacht sie, »das mit dem Reproduzieren. Das war natürlich hart. Das waren wirklich Worte, also die Diktion einer Endokrinologin, muss ich einmal sagen.« Sie schmunzelt. »So streng würde ich es heute nicht mehr formulieren, denn Liebe gehört natürlich unbedingt dazu.« Ihr Sohn war ein Wunschkind und ein Kind der Liebe, erzählt sie, auch wenn sie mit dem Vater ihres Sohnes schon lange nicht mehr zusammen ist. »Ich bin nach wie vor ledig, aber wir haben ein gutes Einverständnis, mein Sohn ist regelmäßig bei seinem Vater, er versteht sich gut mit ihm. Das passt alles. Aber ich habe mich nachher nie mehr nachhaltig verlieben können und das wird wohl auch so bleiben«, meint sie. Sie selbst habe nur wenige berufliche Abstriche machen müssen, weil sich der Vater und auch andere Familienmitglieder liebevoll um ihren Sohn kümmerten. »Das Einzige, was ich die ersten sechs Jahre nach der Geburt meines Sohnes gestrichen habe, waren Kongress-Aufenthalte. Erst als mein Sohn sechs Jahre alt war, holte mich eine Freundin aus dem ›nur Muttersein‹ heraus und ich besuchte wieder einen Kongress: in Ägypten – für eine ganze Woche!«

Wäre sie vor zwanzig Jahren noch auf die sprichwörtlichen Barrikaden gegangen und hätte die absolute Gleichberechtigung zwischen Frauen und Männern eingefordert, weil Mütter immer noch mehr berufliche Einschränkungen haben? »Nein, das tue ich heute nicht und das wäre ich auch damals nicht. Es gibt eine Ambivalenz, für die jede Frau eine persönliche Lösung finden muss«, meint sie, um aber sofort hinzuzufügen: »Die Natur hat es so vorgegeben, Frauen bekommen Kinder, die Hormone programmieren unser Gehirn auf Brutpflege, und wenn das Gehirn auf Brutpflege programmiert ist, dann sagst du das tollste Engagement ab, dann verzichtest du gerne auf sehr viel. Das ist das evolutionäre Muster, das uns zugrunde gelegt ist – auch einer Universitätsprofessorin.« Sie lacht, meint das aber genau so, wie sie es formuliert hat.

In unserem Interview vor zwanzig Jahren bezeichnete Doris Gruber »totale Gleichberechtigung« als »nicht erstrebenswert«, heute sieht sie das nicht anders und argumentiert das wie damals mit den biologischen Unterschieden zwischen Mann und Frau: »Die viel zitierte gläserne Decke, die ist bei uns Frauen nicht so sehr in der Berufswelt zu finden, glaube ich, sondern durch unsere Fruchtbarkeit gegeben.« Ihre persönliche Erfüllung erlebe sie aber nach wie vor auch sehr stark durch ihren Beruf. Das Wort »Job« gefällt ihr übrigens gar nicht. »Die Arbeit mit meinen Patientinnen erfüllt mich mit großer Freude. Jedes Mal ist es spannend, welch interessante Biografien Frauen mitbringen. Das Wichtigste ist, zu versuchen, den Menschen in seiner Gesamtheit zu erfassen, darum bemühe ich mich bei jeder einzelnen.«

Frauen müssten sich früher als Männer – und vor allem auch rechtzeitig – die Frage stellen: »Was will ich wirklich? Ist das Kind das große Ziel? Oder ist der Beruf das große Ziel? Da muss man ernsthaft versuchen, die persönlichen Prioritäten zu ordnen. Als Frau musst du bereit sein, diese Prioritätenverschiebung auch zu leben und anzunehmen.« Was auch zu berücksichtigen ist: »Als Frau hast Du nicht immer eine große Zeitspanne, besonders, was die Kinderfrage anbelangt.«

Sie selbst fühlt sich angekommen. »Ich glaube, ich habe meinen Platz gefunden. Sowohl was mich als Mensch anbelangt, als auch was mich als Mutter und auch als Ärztin anbelangt. Wenn ich mir etwas wünschen dürfte, dann, dass es so weitergeht.« Eine Zufriedenheit, die sie in ihren Dreißigern nicht kannte: »Da waren so viele Dinge noch unerledigt, der Beruf nicht ausgefeilt, partnerschaftlich vieles offen, die Kinderfrage stand an. Also da war noch so viel unentschieden, und du glaubst, mit dreißig noch viel Zeit zu haben, aber das ist ein Irrtum.« Und wieder lacht sie. »Es geht so schnell.« Fünfzigjährige Frauen und Männer habe auch sie mit dreißig als alt empfunden. Ganz genau erinnere sie sich noch, als der Fünfziger ihres Vaters gefeiert wurde. »Da habe ich mir gedacht: Um Gottes Willen – kriege ich dann zu meinem Fünfziger auch so einen Geschenkkorb mit einem goldenen Fünfziger drauf?« Sie hat ihn bekommen. »Weil ich das einer lieben Freundin erzählt habe. Und ja, dann hat sie ihn mir geschenkt, genau so einen Korb mit einem goldenen Fünfziger drauf.« Aber sie lacht darüber. Die Bedrohlichkeit dieser Ziffer fünf vor dem eigenen Alter war nur in jüngeren Jahren ein komischer Gedanke, als das eigene Älterwerden noch eine Theorie war. »Also die Kinder ordnen uns schon ein, wo wir numerisch sind. Wir selbst tun das nicht. Und das finde ich gut so, wenn wir das nicht selber tun.«

Wechsel als grosser Einschnitt im Leben jeder Frau

Rein körperlich gesehen passiert freilich bei Frauen um die fünfzig sehr viel. Wer könnte das besser erklären als die Hormonspezialistin Dr. Doris Gruber? »Schauen Sie, auch Gynäkologinnen kommen in den Wechsel«, lacht sie und schildert, wie sie mit ihren Patientinnen das Thema Hormonumstellung bespricht. Der Wechsel sei ein großer Einschnitt im Leben jeder Frau, auch wenn jede Einzelne die hormonellen Veränderungen anders er- und durchlebt. »Ein Drittel merkt gar nichts, ein Drittel hat ein paar Beschwerden und ein Drittel macht wirklich viel mit.« Und genau so, je nach Bedarf, je nach persönlichem Zugang, könne man Hormone ersetzen oder auch eben nicht. »Mit Geduld, nicht im Übermaß, auf keinen Fall nach dem Gießkannenprinzip.« Viele Frauen möchten ja keine Hormone nehmen, setzen viel mehr auf alternative Medizin. »Das ist auch verständlich und total individuell. Das – und das können Sie gerne auch genau so schreiben – das, was ich meinen Patientinnen sage, ist Folgendes: Wenn die Familienplanung erledigt ist, dann sollte jede Frau bereits allmählich das nächste große Projekt im Auge haben: Prepare for Menopause! Die kommt nämlich mit Sicherheit, für jede von uns. Also wie bereite ich mich am besten darauf vor, damit ich gesund und fit bin für all das, was noch auf mich zukommen wird, damit sich nicht plötzlich ein großes Loch auftut, in das ich zu stürzen drohe.« Nicht nur körperlich, auch psychisch sei der Wechsel für viele Frauen eine riesige Herausforderung – das reicht von Stimmungsschwankungen bis hin zu schlimmen Depressionen. »Es kommt zur Umstellung des Stoffwechsels im Gehirn, auch da sind Hormone im Spiel. Und das macht Frauen heftig zu schaffen.«

So individuell die Auswirkungen, die Herangehensweise und die jeweiligen Therapien seien, eines gelte für alle: gesund leben. »Indem man Nikotin, Alkohol oder sonstige Drogen meidet und die Nacht nicht zum Tag macht. Regelmäßiger, erholsamer Schlaf ist wirklich wichtig. Sich außerdem wirklich gesund zu ernähren und den passenden Sport zu betreiben, dann ist man schon auf der guten Seite. Die Energiebilanz wird eine andere in der Menopause. Ich erkläre das immer so: Wenn der Eisprung wegfällt, ist das ein ganz wichtiges Energiereservoir, das nicht mehr gespeist werden muss. Der Eisprung ist für den weiblichen Körper sehr energieintensiv – das verbrennt natürlich auch einiges an Kalorien.

Fällt diese hormonelle Meisterleistung des Körpers weg, nehmen wir Frauen zu. Die Umstellung des Stoffwechsels und des Hormonsystems lassen auch die Haut schlaff werden und, und, und. Hormone halten eine Frau frisch, fruchtbar, gesund und schön. Wenn du nicht mehr mitspielst im Orchester der Reproduktion und des sexuellen Wettbewerbs, dann ist es der Natur ziemlich egal, wie du aussiehst. Wallungen kommen, die Silhouette verändert sich, Haarausfall beginnt und die Libido ist auch bei einigen im Verschwinden. Das ist der Lauf der Natur.« Wie begegnet die Expertin persönlich dieser Herausforderung? »Ich versuche all das Gesagte zu berücksichtigen. Ich gehe sehr viel spazieren. Aber nicht Windowshopping. So richtig, bis ich ins Schwitzen komme. Das geht am besten alleine. Und ich meide Noxen. Also kein Alkohol, noch nie Nikotin, maßvoll essen und ich pflege meine Nachtruhe, die ist meine wahre Luxuszeit. Das alleine Spazierengehen gibt mir außerdem Zeit zu denken. Wo stehe ich gerade? Was sind die nächsten Pläne? Und viele weitere gute Gedanken kommen mir dabei.«

Da ist sie wieder, die Doris Gruber von vor zwanzig Jahren: Lernpensum eingeteilt und Studium in Mindeststudienzeit durchgezogen. Tickt sie immer noch genauso? »Ja, das ist in mir drinnen«, lacht sie, »kann man auch Prägung nennen.« Auf die Frage, was man ihr einmal nachsagen solle, meinte sie im Buch »30erinnen«: »Konsequenz«. Und heute? »Ich glaube, ohne einen gewissen, konsequenten Plan funktioniert das Leben nur halb so gut. Natürlich gibt es Abweichungen, Sackgassen, Schicksalsschläge, aber man sollte sich einen ungefähren Wunschlebensplan zurechtzimmern und – ganz wichtig – die neuen Weichenstellungen, die sich immer wieder ergeben, annehmen und damit leben lernen« – eine Lebenseinstellung, die sie auch ihrem Sohn mitgibt? »Das versuche ich. Ich versuche ihm beizubringen, dass er sich zuerst einmal hinsetzen soll und sich überlegen soll: Was soll am Ende herauskommen? Wie ist der Weg dorthin? Und was muss ich dazu beitragen, damit ich mein Ziel am besten erreichen kann?« Und nimmt er das auch an? »Ich hoffe, er tickt mittlerweile ähnlich wie ich«, meint sie und erzählt, wie ihr Sohn am Tag, an dem wir miteinander reden, eigentlich null Bock auf Schule hatte, sich schließlich doch überwunden habe zu gehen, aber leider die Turnsachen zu Hause vergessen habe. »Damit dieser ›Fehler‹« niemandem auffallen würde, habe ich ihm die Turnsachen in einer Schulpause so unauffällig nachgebracht, dass niemand gemerkt hat, dass er sie vergessen hat.« Perfektion. Mutter wie

Sohn. Und Organisationstalent, aber das haben wohl alle berufstätigen Mütter entwickeln müssen.

FRAUEN SIND IN DER MEDIZIN IM VORMARSCH

Als habilitierte Gynäkologin war Dr. Doris Gruber Anfang der 2000er-Jahre »eine noch rare Spezies«. Aber da habe sich unglaublich viel getan: »Ich würde fast sagen, dass es jetzt genauso viele Gynäkologinnen gibt wie männliche Kollegen. Diese Entwicklung ging rasant. Da hat unsere Generation schon zum Dammbruch beigetragen. Frauen in der Medizin sind absolut im Vormarsch. Das kann auch ein Nachteil für Frauen und interessanterweise auch für die Kontinuität bei der PatientInnenbetreuung sein.« Wie bitte? »Nicht, dass Frauen schlechtere Ärztinnen seien. Überhaupt nicht. Aber Frauen haben oft andere – kürzere – Dienstverhältnisse als Männer. Da sind wir wieder bei der Vereinbarkeitsfrage von Beruf und Familie. Einen Stationsbetrieb mit vor allem Ärztinnen an einer Klinik zu führen, das ist für die Klinikleitung eine echte Herausforderung. Da spielt auch das Ärztearbeitszeitgesetz stark hinein und erneut das Kinderkriegen mit den daraus resultierenden Mutterschutz- und Karenzzeiten. Dadurch kann sich eine weibliche Karriere ganz schön in die Länge ziehen. Aber da machen wir jetzt ein großes anderes Thema auf.« Denn wir wollen ja beim Lebensfeeling der Frauen um die fünfzig bleiben: bei ihrer Bilanz der letzten Jahre, bei ihren Wünschen, Bedürfnissen, ihren möglichen Forderungen an Politik wie Gesellschaft.

»In puncto Forschung beispielsweise ist vieles besser geworden. Wir haben damals ja auch über den Forschungsbetrieb in Österreich geredet, den ich kritisch hinterfragt hatte. Junge Forscherinnen bekommen mittlerweile eine ganz andere, viel bessere Ausbildung, das beginnt zum Glück schon im Studium«, stellt Gruber fest. Sie selbst habe als Frau in ihren Fünfzigern ein sehr zufriedenes Lebensgefühl. »Wir sollten eigentlich jetzt an dem Punkt angelangt sein, wo wir uns sagen können: Das habe ich erreicht und das möchte ich jetzt gut zu Ende führen. Und das trifft auf mich zu.« Was den Trend zur späten Mutterschaft, zu künstlicher Befruchtung und immer späterer Familienplanung betrifft, sieht die erfahrene Gynäkologin die Entwicklung in der Medizin äußerst kritisch: »Die Medizin gaukelt den Frauen da etwas vor, wenn sie sagt: Wenn du noch nicht bereit bist, Mutter zu werden, friere doch deine Eizellen ein. Mach Karriere, werde irgendwann später Mutter, und das mit künstlicher Befruchtung. Dazu tauen wir dann deine Eizellen wieder auf und, ja, den Samen, den werden wir schon ›finden‹. Da werden vielen Frauen Szenarien schmackhaft gemacht, die vielleicht bei Einzelnen greifen können, zum Standard sollte das aber nicht erhoben werden.« In ihren Augen wären die größeren medizinischen Möglichkeiten also auch eine Falle für Frauen und daher oft kein wirklicher und ehrlicher Fortschritt.

Und wie ist das mit dem Urlaub, zwanzig Jahre später? Wieder muss sie lachen. »Ja, auch das ist so geblieben. Ich habe noch nie länger Urlaub gemacht als zehn Tage. Länger kann ich meine Praxis auch nicht schließen«, erklärt sie, und eine Vertretung komme nicht infrage. Aber, fügt sie hinzu, sie genieße die Freiheit, sich ihre Arbeit selbstständig einteilen zu können, und außerdem habe sie den Luxus, im Sommer zwischen Wien und Reichenau zu pendeln. Dort hatte sie schon mit dreißig einen Rückzugsort aus Kindheitstagen – nach wie vor ihr Kraftplatz. Und ihr Sohn könne ja zum Glück auch mit seinem Vater Urlaub verbringen, ihm fehle also nichts.

Bleiben die Wünsche, die geheimen Sehnsüchte, die natürlich auch so toughe, zielstrebige Frauen wie Doris Gruber haben. Im alten Buch gab es für jede Frau einen Fragebogen. Eine Frage darin lautete: »Was wären Sie gerne im nächsten Leben?« »Musikerin«, war damals Grubers Antwort. »Das ist immer noch ein Wunsch, weil ich alle beneide, die ein Instrument spielen. Leider wird sich das in diesem Leben nicht mehr ausgehen. Aber der Traum, der Wunsch, die Bewunderung sind noch immer da.« Ein bisschen erfüllt sie sich diese Leidenschaft, indem sie Musik hört und ab und zu ins Konzert oder in die Oper geht. Und, wer weiß? Wir werden sie wieder fragen, vielleicht in zwanzig Jahren. Ob sie dann immer noch in der Ordination sitzt? »Es gibt so viele tolle Frauen, die siebzig, achtzig Jahre alt sind, sich bester Gesundheit erfreuen und einer erfüllenden Beschäftigung nachgehen. Das ist absolut nachahmenswert.« Das wollen wir doch einfach einmal so stehen lassen.

ANGELIKA KIRCHSCHLAGER
MEIN LEBEN HAT MICH EIGENTLICH IMMER ÜBERRUMPELT

In der Opernwelt werden Frauen wie Angelika Kirchschlager gern als Diven bezeichnet. Von ihrer Karriere her würde sie auch perfekt in diese Kategorie passen: international eine der erfolgreichsten Sängerinnen ihres Faches, Kammersängerin der Wiener Staatsoper, Musikpädagogin, Ehrenmitglied der Royal Academy of Music in London, Grammy-Preisträgerin, Weltstar und, und, und. Doch die Mezzosopranistin ist alles, nur keine Diva, das war bei unserem ersten Zusammentreffen, als sie vor einiger Zeit Gast in meiner Sendung »Studio2« war, sofort klar. »Sorry, ich bin zu früh dran«, mit diesen Worten stand sie plötzlich hinter den Kulissen unseres Fernsehstudios, das sie irrtümlich über den Hintereingang betreten hatte. Unkompliziert, fröhlich und ohne Allüren erzählte sie dann auch auf Sendung über ihre neuesten Projekte, während in meinem Hinterkopf immer klarer wurde – diese Frau muss in unser Buch! Unsicher, ob sie sich dafür überhaupt Zeit nehmen würde, erzählte ich ihr von diesem Buch über Frauen um die fünfzig und hatte Glück: »Total interessant, ja, da bin ich dabei!« Nur terminlich könnte es vielleicht schwierig werden, weil sie zwar längst nicht mehr so viel wie früher, aber doch noch ziemlich oft beruflich unterwegs sei, meinte Kirchschlager, die, als wir uns via Zoom zum Interview für dieses Buch verabredeten, so wie alle Künstlerinnen durch Corona einen Auftritt nach dem anderen absagen musste und Termine plötzlich zu Raritäten auch in ihrem Kalender wurden.

»Im Grunde genommen wollte ich es in meinem Leben immer gemütlich haben. Als ich mit sechsundzwanzig Jahren ein Engagement an der Oper Graz bekam, da dachte ich mir, dass ich dort dann auch in Pension gehe. Also, das war wirklich mein Plan«, erzählt sie auf die Frage, ob sie als junge Frau konkrete Ziele vor Augen hatte, die sie unbedingt erreichen wollte. »Mein Leben hat mich eigentlich immer überrumpelt, ich bin oft gar nicht nachgekommen mit dem Nachdenken. Meine Herausforderung war, zu bewältigen, was an mich herangetragen wurde: diverse Engagements, das Management in New York. Natürlich wollte ich das auch alles, denn ich habe ja einen wunderschönen Beruf. Aber ich wäre heute hundertprozentig ein anderer Mensch, wenn ich immer gemacht hätte, was ich wollte.« In Graz in Pension gehen zum Beispiel? »Ja, genau. Graz ist so eine schöne Stadt und das hätte wirklich total gepasst für mich«, lacht sie. Nach zwei Jahren in Graz wechselte Kirchschlager als junge Sängerin aber bereits an die Wiener Staatsoper – als festes Ensemblemitglied. Schon bald folgten Engagements an den führenden Opernhäusern von Mailand bis New York, von den Wiener Festwochen bis zu den Salzburger Festspielen. »Wenn ich auf mein intensives Arbeitsleben sozusagen schon ein bisserl zurückschaue, dann habe ich in meinem Leben wahrscheinlich bereits so viel gearbeitet wie manch andere in zwei Leben«, meint Kirchschlager, die vor allem die Zeit zwischen dreißig und vierzig als ihre »belastendste Zeit« bezeichnet. ›»Ich war fast dreißig, als mein Sohn auf die Welt kam, und so wunderschön das auch war, das waren wirklich harte Jahre.«

DER PREIS FÜR MEINE KARRIERE
WAR EIGENTLICH ZU HOCH

Denn der Preis, den sie für ihre Karriere zahlen musste, der sei eigentlich zu hoch gewesen. »Ich habe viel darüber nachgedacht und bin wirklich zum Schluss gekommen, dass ich für kein Geld der Welt noch einmal durch diesen Beruf gehen würde. Ich war nicht dabei, als mein Kind laufen gelernt hat, ich war nicht da, als mein Sohn die ersten Schritte gemacht hat, da könnte ich heute noch heulen«, schildert sie ihre Zerrissenheit zwischen Kind und Karriere. Zum Glück habe sie heute ein wirklich tolles Verhältnis zu ihrem Sohn. »Aber diese vielen Abschiede, die vielen Tränen meinerseits, das würde ich nicht noch einmal wollen.« Mit sehr viel Hilfe der Familie, vor allem des Vaters ihres Sohnes, des

Baritons Hans Peter Kammerer, von dem sie seit vielen Jahren getrennt lebt, dem sie aber in großer Freundschaft verbunden ist, sei es dann schon ganz gut gegangen. »Aber als Mutter hatte ich immer das Gefühl, ich bin nicht wirklich genügend da – und genauso hatte ich dieses Gefühl auf der anderen, auf der beruflichen Seite.« Ihren Sohn schreckte das alles freilich nicht ab, schon in der Schule begeisterte er sich für die Schauspielerei, inzwischen ist er Ensemblemitglied am Wiener Burgtheater. »Mein Sohn war natürlich auch wahnsinnig oft mit dabei, da hat er diese Luft, diese Bühnen- und Theaterluft, die ganze Zeit geatmet, und die Menschen, die sich am Theater oder in der Oper bewegen, die haben schon auch etwas sehr Befreiendes, das unglaublich faszinierend ist.« Aber »ein Kind ist in so einem Beruf völlig irrelevant. Da gibt es keinen Pflegeurlaub oder Ähnliches. Ich hatte damals ja ein amerikanisches Management, da lacht jeder, wenn du sagst, aus family reasons müsstest du zu Hause bleiben. Eigentlich familienverachtend. Das war auch der Grund, warum ich dann irgendwann das Management gewechselt habe« – und warum sie jetzt nicht mehr so wahnsinnig gern unterwegs ist und der Corona-Krise durchaus auch einiges Positives abgewinnen kann: »Die Verlangsamung des Tempos, das habe ich wirklich genossen. Auch die Reduktion von Bedürfnissen. Man konnte wochenlang einfach nicht einkaufen gehen und Dinge kaufen, die man ja eigentlich gar nicht braucht. Vielleicht haben die Menschen gemerkt, dass sie mit wesentlich weniger auskommen können. Und ich finde es auch gut, dass viele Leute durch Corona gezwungen werden, sich respektvoller zu verhalten. Ich finde es großartig, wenn ich mich bei einem Geschäft anstellen muss und Abstand halten und mich nicht dauernd jemand über den Haufen rennt«, meint sie in unserem Gespräch mitten im ersten Lockdown, der sie aber auch dazu brachte, ihre Stimme für die durch die Pandemie hart getroffene Kultur zu erheben.

»Jetzt wollen sie den Musikunterricht in den Schulen abdrehen, die Museen werden geschlossen, weil keine Touristen mehr da sind«, empört sie sich und erzählt, dass sie sich deswegen mehr für die Wertschätzung von Kultur in Österreich engagieren wolle. »Wir und Kultur« nennt sich die Initiative, mit der Angelika Kirchschlager im Sommer 2020 gemeinsam mit anderen Künstlern, aber auch Exponenten unterschiedlichster Branchen für den Stellenwert der Kultur kämpft. Viele KünstlerInnen brachte die Pandemie plötzlich in existenzielle Nöte, so erfolgreich könne man in dieser Branche gar nicht sein, um monatelang ohne Einkünfte gut durchs Leben zu kommen«, meint Kirchschlager. »Ich habe Kollegen, die als freischaffende Künstler wirklich gut verdient haben, aber nach ein paar Monaten ist es dann vorbei. Die Fixkosten, die bleiben ja. Ich hatte da wirklich ein wahnsinniges Glück. Am 2. März 2020 hat meine Professur an der Musikuniversität Wien begonnen, wenige Tage vor dem ersten Lockdown. Das ist wirklich unfassbar, weil ich nach all den Jahren jetzt erstmals wieder eine fixe Anstellung habe. Zum ersten Mal nach zwanzig Jahren bin ich sozusagen abgesichert – und das in dieser Zeit«, staunt sie über ihr Glück.

DER WECHSEL KANN DIE STIMME KOSTEN

Wobei man als Frau jenseits der fünfzig in ihrem Business ohnedies am Ende der Karriere sei. »Wir Sängerinnen sind ja eigentlich so wie Spitzensportlerinnen. Das sehen nur viele Menschen nicht so. Mit fünfundzwanzig ist man als Rennläuferin eben leistungsstärker als mit fünfunddreißig. Das ist bei uns ähnlich. Wir sind total von unserem Körper abhängig, das Hauptaugenmerk ist immer darauf, dass unser Körper fit bleibt. Dass man als Frau mit vierundfünfzig körperlich anders beisammen ist als mit dreißig, das braucht man ja keiner Frau zu erklären. Als Sängerin muss man auch damit rechnen, dass es nicht gesagt ist, dass man nach dem Wechsel noch singen kann. Die Wechseljahre sind eine große körperliche Umstellung für viele und man kann nicht davon ausgehen, dass man das im Business übersteht.« Ihr selbst kamen Sängerinnen jenseits der fünfzig früher »uralt« vor, schmunzelt Kirchschlager, die sich selber »so wohl und ausbalanciert fühlt wie noch nie.« Denn: »Ich singe, ich arbeite so, wie es sich ergibt und wie es für mein Leben angemessen ist, und das entspannt mich schon seit vielen Jahren. Früher bin ich wahnsinnig oft über mich selbst drübergefahren, in treuer Pflichterfüllung für meinen Beruf.« Das merke sie auch jetzt noch, wenn ihr manchmal »Dinge hochkommen«. »Ich wundere mich, warum mir plötzlich schlecht wird, wenn ich in München an der Konzerthalle vorbeifahre. Oder warum ich die Straßenseite wechsle, wenn ich an der Wiener Staatsoper vorbeigehe. Ich habe da ja grundsätzlich keine schlechten Erinnerungen! Inzwischen weiß ich aber, warum das so ist – ich war oft wirklich sehr, sehr überfordert. Als junge Frau lastete ein enormer Druck auf mir, daher kommen manchmal diese Gefühle«, weiß Kirchschlager und erzählt, dass es in ihrer Branche in puncto Gleichberechtigung zwischen Frau und Mann andere Kriterien gäbe als anderswo. »In unserem Beruf als OpernsängerInnen sind wir nach Fächern eingeteilt, meinen Job kann kein Mann machen, also außer ein Countertenor. Und bei der Bezahlung sind die Gagen für Frauen wie Männer grundsätzlich gleich. Bezahlt wird hier wirklich nach Qualität, nicht nach Geschlecht«, meint sie, beobachtet aber bei jüngeren Frauen, vor allem bei ihren Studentinnen, dass diese wesentlich mutiger seien, ihre Meinung zu sagen, »mutiger und selbstbewusster, als wir das waren«, und das freue sie sehr. »Prinzipiell ist ja schon etwas weitergegangen in puncto Gleichberechtigung, dazu tragen sicher auch Quoten etwas bei. Wobei ich diese Quoten nicht immer gut finde. Wenn man jemanden als Quotenfrau besetzt, damit tut man niemandem einen Gefallen, da müssen sich schon andere Wege finden«, ist sie überzeugt. Eines der Highlights ihrer Karriere, wie sie es selbst formuliert, brachte Angelika Kirchschlager in der Sixtinischen Kapelle im Vatikan – als erste Frau, die dort singen durfte. »Ich wusste das vorher gar nicht. Das war schon ziemlich gut, dort singen zu können. Riccardo Muti hat mir dann dort erzählt, dass ich die erste Frau bin, die da singen darf, also da fühlte ich mich schon sehr geehrt.«

Dabei war das Einzige, was sie nie geplant hatte, Opernsängerin zu werden. »Goldschmiedin, Restauratorin, das wäre ich sehr gerne geworden. Oder Musikredakteurin beim ORF«, lacht Kirchschlager. Aber jetzt sei für sie die Zeit des Genießens angebrochen. »Wichtig ist mir mein Engagement für die Kultur. Herrlich ist, dass ich nicht mehr so viel unterwegs sein muss. Dass es meinem Sohn so gut geht. Und dass ich seit fünf Jahren total glücklich und entspannt in einer Beziehung bin. Also mehr gibt es da eigentlich gar nicht zu sagen.«

Katharina Stemberger
Den Fünfziger zu nehmen war schon tricky

»Ich hatte Zeiten, in denen mir eine innere Stimme schon in der Früh, noch bevor ich richtig meine Augen offen hatte, sagte: ›Na, das war aber wieder einmal gar nichts, was du gestern geleistet hast. Das war nicht genug! Wenn du wirklich wolltest, dann könntest du das aber besser!‹ Das war unfassbar. Es war fast wie eine eigene Identität, die nur dazu da war, mir täglich die Daumenschrauben fest anzuziehen. Ich habe dann mit engen Freunden geredet und bin draufgekommen, dass ich damit nicht allein bin. Ich bin ein ehrgeiziger Mensch und habe mir natürlich auch immer selbst Druck gemacht. Aber die Frage ist schon, was war zuerst: die Henne oder das Ei? Ich bin in einer Zeit groß geworden, in der ein Gedanke gesellschaftlich um sich gegriffen hat: ›der Markt braucht perfekte Produkte, die belastbar sind. Koste es was es wolle. Höher, schneller, besser‹ – so wie wenn das Leben ein einziges Schirennen wäre, wo du in Bestzeit gewisse Punkte abhandeln musst, und gewonnen hat dann eben der, der am schnellsten am Ziel ist. Also so scheußlich, wie ich mich selbst in meinen jungen Jahren oft behandelt habe, hat kein anderer Mensch je die Gelegenheit dazu gehabt, es zu tun.«

Wenn die Schauspielerin Katharina Stemberger über sich reflektiert, schwingt gleichzeitig politische Analyse und Kritik an unserem Gesellschaftssystem mit. Sich zu engagieren, Missstände aufzuzeigen, für die Schwachen einzutreten, nimmt in ihrem Leben neben der Kunst einen großen Platz ein. Als Vorstandsvorsitzende des Integrationshauses engagiert sie sich seit Jahren für eine menschliche Flüchtlingspolitik in Österreich. Das Elend in Europas Flüchtlingslagern hat sie dazu motiviert, mit

Gleichgesinnten im Herbst 2020 den Verein »Courage – Mut zur Menschlichkeit« zu gründen. Wenn jedes Jahr am 8. Mai der Opfer des NS-Regimes gedacht wird, das am 8. Mai 1945 kapitulierte, was den Zweiten Weltkrieg beendete, dann führt Katharina durch das »Fest der Freude«, bei dem mit einem hochkarätigen Programm die Befreiung vom nationalsozialistischen Regime gefeiert wird. Die bekannte Schauspielerin, die ab 2022 in der ORF-ZDF-Koproduktion »Soko Linz« als resolute Chefinspektorin zu erleben sein wird, ist längst auch als politische Aktivistin eine wichtige Stimme in Österreich. Kein Wunder also, dass bei einem Gespräch über die wichtigsten Veränderungen in ihrem Leben seit ihrem 30. Geburtstag die Gesellschaftskritik immer wieder aufblitzt.

WIEVIEL APPLAUS BRAUCHST DU?

»Wer definiert denn, wo du hinsollst? Und wieviel Applaus brauchst du? Letztendlich musste ich wahrscheinlich an Punkte kommen, wo ich gemerkt habe, das schaffe ich nicht mehr. Ich handle die Tage nur mehr ab, aber ich genieße sie nicht«, erinnert sie sich an den Druck, den sie sich als junge Schauspielerin machte. »Erst so ab dreiundvierzig, vierundvierzig Jahren hat für mich eine andere Lebensqualität begonnen. Thank God! Bis so zirka zu meinem 38. Lebensjahr bin ich massiv einer Vorstellung, wie mein Leben sein soll, nachgelaufen. So, als ob ich einen Setzkasten mit Erfolgen bestücken wollte, den ich dann in die Auslage stellen kann, um zu zeigen, dass ich was wert bin.« Als ich achtunddreißig war, ist eine Freundin gestorben. Das war eine Zäsur. Ich erinnere mich, als ich bei einer Sommerproduktion hinter der Bühne stand, auf wunderschöne Bäume schaute und mich fragte: Worum geht es eigentlich? Ich glaube, das war der Anfang.« Der Anfang zu mehr Gelassenheit. »Der größte Unterschied zu früher ist wirklich, dass ich mich mir selbst zugewandt habe und versuche zu schauen, was mir guttut und was eben nicht.« Diese Gelassenheit ist das Geschenk des Älterwerdens. »Also, den Fünfziger zu nehmen, das war schon tricky. Das Jahr davor, das war für mich schon irgendwie merkwürdig.« Inwiefern? »Weil ich endgültig feststellen musste: Du bist nicht mehr jung. Und dabei ist ein Teil von mir immer noch deppert wie siebzehn, extrem lebendig, gleich mutig, nur reflektierter«, lacht sie. »Also dieser Fünfziger war irgendwie komisch für mich. Aber danach sind viele Dinge abgefallen, die jetzt nicht mehr wichtig sind. Ich muss dazu sagen, dass ich jemand bin, der mit großer Regelmäßigkeit auch Therapien macht, ich bin ein großer Fan von Psychohygiene und Selbsterkenntnis. Meine älteste Schwester, sie ist Ärztin, hat diesen Vorgang unlängst so schön beschrieben: als außerfamiliäre, professionelle Serviceeinrichtung. Das finde ich eine wirklich schöne Definition. Für mich ist es wichtig, reflektieren zu können, und nur so ist es mir schrittweise gelungen, die wichtigen Dinge von den unwichtigen zu unterscheiden«, schildert Stemberger den Prozess, der ihr auch dabei geholfen hat, sich selbst nicht mehr so unter Druck zu setzen wie früher.

Die viel zitierte Theaterluft atmete Katharina Stemberger schon als kleines Mädchen. Ihre Mutter Christa Schwertsik ist Sängerin und Schauspielerin, war immer in ihrem Beruf aktiv und international erfolgreich und gab diese Leidenschaft offenbar auch an ihre Töchter weiter – Julia und Katharina absolvierten beide eine musikalische Ausbildung und wurden Schauspielerinnen. Die älteste Stemberger-Schwester orientierte sich offenbar mehr am Vater, dem Tropenmediziner Heinrich Stemberger, sie wurde Ärztin. Familie und Kunst passt bei den Stembergers bestens zusammen – schon öfter sind die beiden Schwestern gemeinsam mit ihrer Mutter und deren zweitem Mann, dem Komponisten Kurt Schwertsik, gemeinsam aufgetreten.

OHNE VERSTÄNDNISVOLLEN PARTNER SIND KIND UND KARRIERE UNMÖGLICH

Auch ihren Mann lernte Katharina bei Dreharbeiten kennen – seit vierundzwanzig Jahren ist sie mit dem Filmemacher Fabian Eder zusammen. »Wir sind ja eigentlich wirklich schon eine Ausnahme als Originaleltern-Paar«, lacht sie, »manchmal habe ich das Gefühl, ich muss mich für etwas rechtfertigen, die Menschen finden das fast schon verdächtig«. Ohne ihren immer verständnisvollen Partner wäre es für sie aber nie möglich gewesen, Kind und Karriere doch irgendwie unter einen Hut zu bekommen, ist Katharina dankbar. »Ganz entscheidend ist für Frauen, mit wem sie ein Kind haben. Fabian hat das immer zu gleichen Teilen als seine Aufgabe gesehen. Und er hat zu mir gesagt, dass er weiß, dass es das Beste für unsere Tochter ist, wenn ich weiterarbeiten kann. Weil er mich eben wirklich gut kennt. Und das war nicht nur eine Ansage. Wenn ich im Sommer eine Produktion hatte oder bei den Salzburger Festspielen engagiert war, dann war er für unsere Tochter da.« Denn an sich seien die Bedingungen für freie

Schauspielerinnen absolut familienfeindlich und die Betreuungsangebote immer noch miserabel. »Und das bedeutet, es bleibt nach wie vor alles an den Frauen hängen. Also wenn ich nicht so einen Partner gehabt hätte und dazu eine Agentin, die mich bei jedem Angebot gefragt hat, was das für meine Familie hieße, dann hätte das ganz anders ausgesehen«, ist sich Stemberger sicher.

Die Entscheidung zum Kind nahm ihr das Schicksal ab. Als Katharina Ende zwanzig war, wurden bei ihr bösartige Zellen am Muttermund festgestellt, eine Vorstufe zum Krebs. »Dadurch wurde eine ziemlich heftige Operation notwendig. Und ich wurde in so jungem Alter erstmals mit meiner Endlichkeit konfrontiert. Außerdem wurde mir erklärt, dass mir die Gebärmutter entfernt werden müsste, wenn das wiederkommen würde. Und da dachte ich mir: Stopp – ich habe doch eigentlich noch einen Plan. Und den richtigen Zeitpunkt, den gibt es ohnedies nicht«, erinnert sie sich. »Relativ bald konnte ich dann meine Tochter in den Armen halten. So hat sich die Kinderfrage eigentlich gut für mich gelöst.« Und die bösen Zellen kamen zum Glück auch nicht mehr wieder. Rückblickend gesehen hätte sie die Frage, wie und wann ein Kind mit ihrem Beruf vereinbar sei, nämlich extrem gestresst. »Als freischaffende Künstlerin, wenn du da jemandem gesagt hast, dass du schwanger bist, da wurdest du gleich einmal für mindestens zwei Jahre abgeschrieben. So habe ich das damals jedenfalls innerlich erlebt. Nur fünf Wochen nach der Geburt meiner Tochter stand ich auch wieder auf der Bühne. Einfach nur aus Angst, den Anschluss zu verlieren. Das würde ich nie wieder so machen!« Als junge Schauspielerin aber machte sie sich selbst großen Druck, die beiden Rollen – Mutter zu sein und gleichzeitig erfolgreiche Künstlerin – zu vereinbaren. Später im Leben verschieben sich dann oft die Prioritäten. »Von allen Dingen, die ich in meinem Leben gemacht habe, ist meine Tochter das Einzige, was wirklich Sinn gemacht hat. Ein Kind zu bekommen macht eine Dimension auf, die du sonst durch nichts erleben kannst.«

Ihre Tochter ist inzwischen eine junge Frau. Dass sie selbst um so vieles älter ist, müsse sie sich manchmal richtig bewusst machen – wie unlängst, als die geliebte Familienkatze wieder einmal abgehaut war und ihr eine Gruppe junger Leute beim Suchen und schließlich Finden half. Als Dankeschön lud sie die jungen HelferInnen zu Kaffee und Kuchen ein und es entwickelten sich überaus lustige und bereichernde Stunden in dieser Runde. »Meine Tochter war auch dabei. Und danach habe ich dann zu ihr gesagt, dass ich mich wirklich selbst daran erinnern muss, dass ich ja doppelt so alt bin wie die. Weil ich mich einfach nicht so fühle. Weil das Schöne ist, dass ich eigentlich das Gefühl habe, innerlich immer leichter zu werden«, freut sie sich.

BEIM FILM IST ÄLTERWERDEN KEIN VORTEIL

In ihrem Beruf hingegen ist das Älterwerden kein Vorteil, schon gar nicht beim Film. »Bereits mit Mitte dreißig wird es heikel. Bis dahin wirst du entweder als Opfer besetzt oder als Dekoration. Dann verschwinden Frauen üblicherweise. Außer sie spielen tapfere Alleinerzieherinnen mit Anfang vierzig, die auch noch gut aussehen dabei. Aber im Großen und Ganzen verschwinden Frauen in diesem Alter. Erst in ihren Fünfzigern dürfen sie dann wiederkommen, wenn sie kein Sexualobjekt mehr sind. Dann werden sie als Richterinnen besetzt oder als Anwältinnen oder besonders schlaue Ermittlerinnen.« Bei Frauen und Männern werde immer noch mit zweierlei Maß gemessen, ärgert sich Stemberger. »Diesen Spruch: ›in Würde altern‹, den sagt man nur zu Frauen. Männern sagt man das nicht, die werden durch graue Schläfen sexy. Also meine grauen Schläfen haben mich noch nie interessanter gemacht. Dieses Lametta wird weggefärbt«, scherzt sie und meint es gleichzeitig kritisch. »Um zu meiner Branche zurückzukommen, da bin ich immer wieder überrascht, wie sehr der Spruch der Tante Jolesch stimmt: ›Was ein Mann schöner is wie ein Aff, is ein Luxus.‹« Also wäre eine Frau nur annähernd so unattraktiv, zerfurcht und ausladend wie mancher Kollege, hätte sie bestimmt keinen Job im Film oder Fernsehen. Ganz abgesehen davon, dass fünfzig-, sechzigjährige Männer fünfundzwanzigjährige Loveinterests haben. Ganz erklären kann ich mir diesen Unterschied nicht, aber es zeigt sich halt immer wieder: it's a man's world – noch … Ich glaube, dass eine Welt, in der Frauen ihre Qualitäten, ihr Frausein einbrächten, einfach eine bessere Welt wäre. Eine buntere, weichere, eine verbundenere Welt. Diese weibliche Energie würde die Dinge oft besser machen.«

Für sich selbst hat Katharina inzwischen eine gute Balance gefunden, ihre unterschiedlichen Anteile auszuleben. »Eine meiner absoluten Grundeigenschaften ist Neugierde. Ich liebe es, neue Dinge zu erkunden und auszuprobieren, was ich noch nie gemacht habe. Und mir wird auch nie langweilig. Inzwischen kann ich auch ganz gut abschätzen, welche Skills und Erfahrungen ich mittlerweile gesammelt habe. Egal ob ich spiele, ob ich unterrichte, ob ich andere für Auftritte coache, ob ich als Vorstandsvorsitzende des Integrationshauses versuche, Dinge zu verändern, oder ob ich den 8. Mai moderiere. Ich denke, ich habe schon viele verschiedene Muskeln trainiert und kann sie gut einsetzen. Und außerdem geht es mir jetzt oft so, dass ich mir denke: Ich möchte überrascht werden vom Leben.«

Und sie will sich engagieren. Für Dinge, die ihr wichtig sind, und auch ihre Meinung laut kundtun gegen Dinge, die ihrer Meinung nach falsch laufen. »Was mich manchmal den Kopf schütteln lässt, ist die große Bereitschaft vieler, sich vor den brennenden Themen unserer Zeit einfach wegzuducken: *Biedermeier at it's best.* Man baut sein eigenes Obst und Gemüse an für ein streng veganes Leben, aber dass jenseits der Grenze Menschen verrecken, hat mit dem eigenen Leben nichts zu tun«, meint sie scharf und relativiert: »Vielleicht bin ich ja auch ungerecht. Aber was ist das Menschsein? Menschsein bedeutet in Bezug zu sein zu anderen, das kann in kleineren oder größeren Kreisen sein. Es muss sich ja nicht jeder engagieren, aber du musst begreifen, dass du ein Teil davon bist.« Deshalb kann sie selbst gar nicht anders als sich zu engagieren, als ihre Bekanntheit dafür zu nützen, Aufmerksamkeit auf unerträgliche Zustände zu lenken, wie zuletzt mit ihren Reisen zu den desolaten Flüchtlingslagern auf Lesbos. Die Kraft der zierlichen Schauspielerin dafür scheint unbegrenzt, bleibt auch noch genug Energie, um gemeinsam mit ihrem Mann ein neues Filmfestival, das »*Netzhaut* Ton Film Festival« in Wiener Neustadt zu erfinden und zu organisieren, um vor der Kamera zu stehen, an der Privatuni für Musik und darstellende Kunst in Wien zu unterrichten und im Sommer beim von ihr mitkuratierten Festival »hin & weg« in Litschau im Einsatz zu sein. Nur eines möchte Katharina Stemberger nicht mehr – jung sein. »Ich verstehe überhaupt nicht, was am Jungsein so toll sein soll. Ich mag mich jetzt viel mehr als mit dreißig. Also ich wäre schon gerne noch einmal dreißig, allerdings nur, wenn ich meine jetzige Gelassenheit hätte«, lacht sie. Aber dahin war es ja bekanntlich ein längerer Weg …

Elisabeth Tambwe
Ich habe nie Angst vor dem Leben gehabt

Elisabeth Tambwe zählt zu den bekanntesten Performance-Künstlerinnen Österreichs, obwohl sie erst seit 2005 hier lebt. Ihre Choreografien waren unter anderem bei den Wiener Festwochen, dem Festival Impuls Tanz, dem Steirischen Herbst oder im Tanzquartier Wien zu sehen, und auch international hat sie sich längst einen Namen als Performance Artist und Choreografin gemacht. Internationalität prägte von klein auf Elisabeths Leben. Als sie vier Jahre alt war, wanderte ihre Familie aus ihrer ursprünglichen Heimat, der Demokratischen Republik Kongo, nach Frankreich aus, wo sich Elisabeth bereits während ihrer Schulzeit für Kunst zu interessieren begann und schließlich auch ein Kunststudium absolvierte. Im Fokus ihrer Arbeit steht die anhaltende Kritik am Konzept der Normalität, welches sie als tyrannisch und erniedrigend empfindet. Ihre choreografische Arbeit konzentriert sich oft auf die zerbrechliche Dimension unseres Körpers. Der Blickwinkel der zweifachen Mutter, die mit einem Österreicher verheiratet ist und in Wien lebt, ist durch ihre jahrelange Auseinandersetzung mit diesen Themen geprägt. Ihre Antworten auf die Fragen, um die es sich in diesem Buch dreht, unterscheiden sich wesentlich von denen vieler anderer, sind philosophischer und gleichzeitig grundlegender. Daher soll Elisabeth Tambwe am besten selbst zu Wort kommen – wir haben die 1971 geborene Künstlerin gebeten, folgende Fragen zu beantworten:

Macht es Ihnen etwas aus, älter zu werden? Wie gehen Sie damit um?
Braucht man Mut, um alt zu werden? Wenn Altwerden einfach leben ist, dann geht es in der Frage um das Leben, um das Leben als Ganzes

und vermutlich nicht speziell um das Alter ... Ich habe nie Angst vor dem Leben gehabt.

Wie nehmen Sie als Tänzerin die Entwicklung Ihres Körpers im Laufe der Zeit wahr?

Der Körper trägt Zeichen. Ich habe meinen Körper nie als von der Zeit abhängig betrachtet, sondern eher als eine Fläche, auf der Zeichen angebracht sind, die sich bewegen, die abgenommen und wieder angebracht werden.

Und ist das gut oder schlecht?

Weder das eine noch das andere. Manchmal gibt das Leben wirklich, indem es etwas wegnimmt.

Mussten Sie als Frau mehr tun als ein Mann, um das Gleiche zu bekommen?

Ich bin eine Frau, ich bin schwarz, natürlich musst du kämpfen. Doch trotz dieser theoretischen Betrachtung dürfen wir die Artikulation von Herrschaftsformen nicht aus den Augen verlieren: Wenn ich meine Lebensbedingungen einfach überlagere und mein Leben letztlich nur auf diese Weise zusammenfasse, riskiere ich, in der alten einseitigen Diskussion darüber zu bleiben, was ich überhaupt bin: schwarz oder Frau ... Das gibt dem System letztlich die Möglichkeit, immer wieder dieselben Antworten auf dieselben Fragen zu geben.

Erinnern Sie sich noch daran, wie Sie sich als dreißigjährige Frau gefühlt haben?

Es ist komisch, dass ich nie darüber nachdenke. Ich weiß es nicht. Wenn die Vergangenheit wieder auftaucht, dringt sie in die Gegenwart und die Zukunft ein, so dass es von nun an nur noch die Vergangenheit gibt. Ich bin nicht daran interessiert, mich zu verbiegen und an der Vergangenheit festzuhalten. Ich glaube, dass es nur die Gegenwart gibt. Der Rest ist eine Erfindung des Geistes.

Was hat sich in den letzten zwanzig Jahren in Ihrem Selbstverständnis verändert?

Vierzig Jahre lang, von 1629 bis zu seinem Tod im Jahr 1669, hat Rembrandt wie kein anderer Maler vor ihm nicht aufgehört, sich selbst in mindestens fünfundfünfzig Gemälden, neunundneunzig Zeichnungen und etwa dreißig Stichen darzustellen – vor allem, weil das Kostüm manchmal auch ohne Pomp und Umstände glänzt: Die Haare sind weiß geworden, durch Falten und Fett ist er aufgequollen, der Blick ist müde, aber immer noch teilnahmslos. Vor allem aber hat man das Gefühl, Zeuge eines allmählichen und gefühllosen Verschwindens des Malers in seinen Selbstporträts zu sein: Er ist mit ihnen verschmolzen. Er, sein Leben und sein Werk sind eins geworden. Ich finde das großartig. Ich neige dazu.

Glauben Sie, dass es in Ihrer Generation noch einen Unterschied macht, ob man eine Frau oder ein Mann ist?
Natürlich tut es das. Ich denke manchmal: Man wird nicht als Frau geboren (wie Simone de Beauvoir sagte), sondern ... Daran kann man sterben! Genauso könnte ich sagen: Du bist nicht schwarz geboren. Sie werden eins.

Warum dauert es so lange mit der Gleichstellung der Geschlechter?
Was wäre, wenn wir die Frage umdrehen und davon ausgehen, dass »Geschlechtsunterschied« eine leere Kategorie ist? Dann wären wir »neben dem Geschlecht«, neben Fragen der Definition und der Identität. Im Grunde sollte die Frage umgekehrt werden: Es sollte darum gehen, zu hinterfragen, was im Denken entsteht, wenn Gleichheit und Freiheit geschlechtsspezifische Fragen in Politik und Schöpfung, Wirtschaft und Körper, Denken und Handeln offenbaren ...

Wenn Sie zurückblicken, entspricht Ihr Leben den Vorstellungen, die Sie sich als junge Frau für Ihr Leben gemacht haben, den Wünschen, die Sie an Ihr Leben hatten?
Kann man sich vorstellen, dass von dem neugeborenen Baby, das ich war, bis zu der alten Frau, die ich sein werde, etwas konstant ist? Im Laufe meines Lebens werde ich das Land, den Beruf, die soziale Schicht usw. gewechselt haben. Diese verschiedenen Phasen in meinem Leben, wie die Zeit vergeht und die Lebensereignisse mich verändern: Wie könnte ich glauben, dass ich mich nicht mit der Zeit verändere, wenn sich sogar meine Wünsche geändert haben? Doch wie wichtig diese Veränderungen auch sein mögen, ich bin immer noch ich, und zwar auf unverwechselbare und kontinuierliche Weise. Ich liebe den Roman Bel-Ami von Guy de Maupassant, in dem sich der Held je nach den Umständen und der Zeit ständig

verändert. So sehr, dass Bel-Ami beim Abendessen bei seinem Freund Forestier, dem er seinen sozialen Aufstieg verdankt, sich selbst im Spiegel nicht erkennt und sein eigenes Spiegelbild als Fremden begrüßt. Was mich betrifft, so war ich immer in der Lage, mich im Spiegel zu betrachten, ohne Verrat zu weinen ...

Gibt es Dinge, die Sie beruflich nicht machen könnten?
Ich liebe es zu denken, dass es die nicht gibt ...

Und was wünschen Sie sich für die nächste Generation von Frauen?
Ohne Zweifel, die Stille den anderen zu überlassen.

Ulli Ehrlich
»Warum?« ist die Frage
meines Lebens

Mode bestimmte seit jeher Ulli Ehrlichs Leben. Schon als kleines Mädchen, so erinnert sie sich, sei sie wahnsinnig gern zu ihrer Mutter ins Geschäft gegangen und habe dort mit Knöpfen und Borten gespielt. »Dass ich die Modeschule mache, dass ich Modedesignerin werde, das war immer klar.« Und trotzdem sei es ein enormer Unterschied, davon zu träumen, schöne Kleider zu entwerfen, oder tatsächlich einen ganzen Betrieb zu übernehmen. »Als junge Frau war ich noch sehr in der Tochter-Rolle, da lag die Verantwortung noch nicht bei mir, auch nicht, als ich eine eigene Modelinie lancierte. Meine Eltern hatten bis dahin ja ausschließlich Trachten- und Skibekleidung produziert. Mit der Mode habe erst ich begonnen.« Zwanzig Jahre lang prägte Ehrlich als Chefdesignerin das von ihren Eltern gegründete Mode-Unternehmen »Sportalm«, bis sie das Familienunternehmen im Jahr 2020 schließlich komplett übernahm – als einzige Gesellschafterin und Geschäftsführerin, verantwortlich für fünfunddreißig Shops und Outlets, für 680 MitarbeiterInnen in Österreich und Bulgarien, für sechzig Millionen Euro Gesamtumsatz (vor Corona), zuständig für 1.400 Händler in vierzig Ländern. »Das ist sehr, sehr viel Verantwortung. Und natürlich habe ich mich schon gefragt: Warum tust du dir das überhaupt an? Ich hätte die Firma ja auch einfach verkaufen können. Aber das wollte ich nie, was ich hier tue ist meine Bestimmung. Das ist meine Aufgabe. Ich liebe das und ich lebe das jetzt auch«, erzählt die fünffache Mutter, für die Bestimmung ein wichtiges Lebensthema ist.

Mit einundzwanzig Jahren überlebte Ulli nur knapp einen schweren Autounfall, das sei für sie ein Schlüsselerlebnis gewesen, mit dem für sie die

Sinnsuche begonnen habe, wie sie es formuliert. »Ich dachte mir, warum ist mir das jetzt passiert? ›Warum?‹ ist die Frage meines Lebens, die treibt mich an. Nach dem Unfall dachte ich mir, dass es ja kein Zufall sein könne, warum ich plötzlich so aus der Bahn geworfen wurde. Was wollte mir das sagen?« Diese Fragen führten sie als junge Frau schließlich zu einer Astrologin, die für Ehrlich viele Jahre lang eine wichtige Ratgeberin und Begleiterin werden sollte, auch als sie Jahre später einen großen Schicksalsschlag bewältigen musste. »Nach meinem Unfall habe ich mir also ein Horoskop erstellen lassen und dabei ist ganz klar herausgekommen, dass es kein Zufall ist, dass ich in meine Familie hineingeboren bin und dass es meine Aufgabe in diesem Leben ist, Verantwortung zu übernehmen.« Damit war ihre berufliche Laufbahn bereits mit Anfang zwanzig vorgezeichnet und Horoskope blieben für sie und für ihre Familie immer wichtige Begleiter. »Bei meinen Burschen, die ja jetzt schon älter sind, merke ich jetzt, dass sich Dinge bewahrheiten, die gesagt wurden, als sie Säuglinge waren. Es ist ja wirklich so, dass einem Menschen Talente und Charaktereigenschaften in die Wiege gelegt werden. Und ich finde es auch ganz gut, dass man manche Dinge weiß. Wenn ich weiß, dass jemand ein Spätzünder ist, dann hat man auch keinen Stress damit, wenn er einen Hänger hat oder Schule wechselt«, ist sie überzeugt.

RÜCKBLICKEND WAR ICH MIT DREISSIG EINE TEENAGERIN

Mit dreißig Jahren war sie davon überzeugt, dass sie bereit für Kinder war. »An meinem 30. Geburtstag habe ich die Pille weggeschmissen. Das war der Punkt, wo ich mir gesagt habe: Ok, jetzt kann's passieren«, schildert sie ihre ganz bewusste Entscheidung für eine Familie. »Mit dreißig war ich natürlich noch weit davon entfernt, mit mir selbst im Reinen zu sein. Also rückblickend betrachtet war ich wohl eher wie ein sich selbst überschätzender Teenager«, lacht sie. »Ich habe in diesem Alter sicher noch oft eine Rolle gespielt, wollte vor allem den anderen gefallen. Aber dreißig war für mich schon ein Knackpunkt, ein Wendepunkt. Da ist Familie für mich akut geworden und die hat mich dann auch wirklich sehr geerdet.« Mit der Unterstützung ihres ersten Mannes, ihrer Familie, aber auch eines Au-pair-Mädchens war die Doppelbelastung zwischen Beruf und Familie mit vier kleinen Buben für sie zu schaffen, erzählt Ehrlich. »Aber ich war natürlich in einer privilegierten Situation in einem Familienbetrieb. Außerdem ist die Modebranche von Frauen dominiert, wir haben zirka zehn Prozent Männer im Unternehmen, der Rest sind Frauen, das ergibt eine andere Dynamik. Prinzipiell ärgere ich mich nämlich wahnsinnig, dass es Frauen mit Kindern immer noch fast unmöglich gemacht wird, Karriere zu machen. Solange es vom Staat keine flächendeckende Kinderbetreuung gibt und diese elendslangen Sommerferien, wo man nicht weiß, wohin mit den Kindern, wird sich daran auch nichts ändern. Der Groß-Groß-Großteil an Frauen muss immer noch diese Doppelbelastung tragen, auch wenn sich jüngere Männer inzwischen mehr um die Kindererziehung kümmern«, ärgert sich Ulli Ehrlich, der das Schicksal böse mitspielte, als der jüngste ihrer Buben gerade erst drei Jahre alt war.

Ein Schicksalsschlag prägte mein Leben

Wieder war es ein Autounfall, aber diesmal ging er nicht glimpflich aus: Ihr erster Mann, Vater ihrer vier Buben, starb bei einem Verkehrsunfall. »Das war ein unglaublicher Schock. Aber auch da war vom ersten Moment an klar, dass es, warum auch immer, einen Grund dafür geben musste. Das klingt jetzt sicherlich ganz schlimm, aber es gab auch eine große Gewissheit, dass es richtig war. Mein Mann war ein fertiger Mensch. Ich musste lernen, dass er fertig war. Grausam war das, vor allem für meine Kinder, aber es hat offenbar so sein sollen. Das zu wissen, hat mir schon geholfen«, beschreibt Ehrlich ihre damaligen Gefühle und fügt hinzu, dass ihr auch ihr Glaube sehr half. »Mein Glaube ist jetzt weniger an kirchliche Institutionen gebunden, es geht vielmehr um das Bewusstsein, dass es da irgendwo etwas Allumfassendes gibt. Eine Kraft, die uns ja auch innewohnt und die einfach alles umspannt und somit auch allem einen Sinn gibt.« Ihre Kinder und die Arbeit waren für sie nach dem Tod ihres Mannes die beste Therapie. Sie musste funktionieren, sich verkriechen war keine Option, erzählt sie. Auch die Astrologin erwies sich in dieser Krise wieder als wichtiger Coach an Ullis Seite.

Beruflich ging es für die Designerin nach diesem »sehr, sehr einschneidenden Erlebnis« immer weiter Richtung Mode, die inzwischen mehr als die Hälfte des Umsatzes von »Sportalm« ausmacht. Und auch privat fand die Firmenchefin wieder ihr Glück. »Es ist unglaublich schön, wenn man mit fortgeschrittenem Alter wieder diese Schmetterlinge im Bauch spüren kann. Aber gleichzeitig ist man natürlich nicht mehr so unbefangen und auch nicht mehr so kompromissbereit. Aber man weiß auch, wie kostbar das ist, wenn einem das Geschenk der Liebe noch einmal widerfährt.« Mit vierundvierzig Jahren bekam Ehrlich mit ihrem zweiten Mann schließlich noch eine Tochter. »Man ist nicht mehr so hysterisch wie bei den ersten Kindern«, lacht sie, »aber sonst bin ich, glaube ich, als alte Mutter nicht viel anders in der Erziehung. Und meine Tochter hat's mir halt auch leicht gemacht. Sie war von Anfang an so, wie ich mir ein Mädchen immer erträumt habe nach vier Buben« – rosa Glitzergewand und Pferdeliebe inklusive. Ein Horoskop wurde natürlich auch für ihre Tochter erstellt. »Bei ihr steht, dass sie das Unternehmer-Gen hat. Also wer weiß ...«, scherzt die stolze Mutter, die ihrer Tochter unbedingt vermitteln will, dass es als Frau wichtig ist, immer authentisch zu bleiben. Und da gäbe es gerade für junge Mädchen derzeit eher wenige Vorbilder.

INFLUENCERINNEN SIND NICHT MEINE WELT

»Ich finde das ganz furchtbar, wenn junge Frauen als Berufsbild verfolgen, berühmt zu werden. Also die Influencerinnen, das ist nicht meine Welt. Was ist das denn für ein Beruf? Sich komplett davon abhängig zu machen, dass einen die anderen gut finden. Also ich finde das ganz schrecklich! Ist aber leider unsere Zeit und ich werde das nicht aufhalten können, aber ich hoffe schon, dass ich meiner Tochter etwas anderes vermitteln kann.« Und noch ein Trend der jüngeren Generation stört die Unternehmerin – die sogenannte Work-Life-Balance als Lebensmotto. »Ehrlicherweise hängt mir das manchmal schon zum Hals heraus. Wenn bei Bewerbungsgesprächen wichtiger ist, wieviel Urlaubsanspruch es gibt, als die Frage, was man in einem Job erreichen kann. Das kann ich nicht nachvollziehen«, ärgert sie sich, versteht diese Einstellung der Jungen aber auch als Gegenreaktion auf die grassierende Seuche des Burn-Out, das ihre Generation oft als Preis für Perfektionsansprüche zahlen müsse. »Auch ich habe mit den Jahren gelernt, die Signale meines Körpers wahrzunehmen und nicht mit allen Mitteln zu bekämpfen. Inzwischen gestehe auch ich mir ein, dass mir mein Körper etwas sagen will«, meint Ehrlich, die vor Corona auch international viel unterwegs war und die sich selbst zwischen Job und Familie dabei auch ausgebeutet hat, wie sie sagt. »Ein einziges Mal, nämlich als ich dreißig Jahre alt war, habe ich mir einen vierwöchigen Urlaub in Australien gegönnt. Danach war ich nie mehr als zehn Tage auf Urlaub. Zu meinem Fünfziger präsentierte mir mein Körper dann die Rechnung dafür. Wer weiß, ob ich mir sonst diese Ayurveda-Kur in Sri Lanka zugestanden hätte? Also in unserem Alter muss man schon beginnen aufzupassen, die Warnsignale des Körpers ernst zu nehmen«, ist sie überzeugt. »Geistig bin ich manchmal wie fünfzehn, körperlich manchmal wie fünfundsiebzig«, scherzt die sportliche Modefrau.

Die Entschleunigung, die die Corona-Pandemie vor allem in den ersten Monaten zwangsweise mit sich brachte, konnte Ehrlich bei aller Sorge um das Business ganz bewusst genießen. Vor allem in einem Ort wie Kitzbühel. »Diese Entschleunigung in einem Ort wie unserem, wo auf einmal nur mehr die paar Tausend Einheimischen waren, das war wunderschön. Diese Glamour-Stadt, wo sonst Schickimicki regiert, war wie verwandelt. In meinem Freundinnenkreis sind alle Frauen sehr natürlich unterwegs, kein Botox, kein Lifting, die meisten schminken sich nicht einmal«, schildert sie ihre Lockdown-Eindrücke. »Das ist ja bei uns wirklich so: Normalerweise, wenn man weggeht, da sieht man auf den ersten Blick, wer sind die Einheimischen und wer sind die, die hier sind, weil sie chic sein wollen.« Wenn sie in Wien essen gehe, dann »sitzt an jedem Tisch eine Operierte«, meint sie scherzhaft. Es komme also sehr darauf an, in welcher Umgebung Frauen lebten, dass sie sich zu Schönheitsoperationen hinreißen ließen. »Besonders auffällig ist es in Osteuropa. Da gehören Schönheitsoperationen inzwischen zum guten Ton, auch bei jungen Frauen. Das macht mich schon stutzig. Wie soll denn das weitergehen, wenn eine Frau wie Gisele Bündchen, die jahrelang als schönste Frau der Welt gehandelt wurde, bestverdienendes Model ist und sich mit Anfang dreißig unters Messer legt? Idol für Generationen, und dann muss sie so jung schon nachhelfen, um dem Schönheitsideal zu entsprechen. Das ist schon ein Irrsinn« – da fragt sich Ehrlich, wie man diesem Trend Einhalt gebieten kann, vor allem in Hinblick auf die Generation ihrer Tochter. In der Modewelt dürften zwar inzwischen auch molligere Mädchen vor die Kameras und auf die Laufstege, aber »das sind in Wahrheit immer bildschöne Frauen. Die haben dann halt Kleidergröße 40 statt 34, aber ein Gesicht zum Niederknien. Im Endeffekt geht es ja doch immer um Schönheit«, relativiert Ehrlich den Trend zu mehr Diversität in der Mode.

Sie selbst ist immer noch entsetzt über die Reaktionen, als in den 1980er-Jahren erstmals eine dunkelhäutige Frau am Cover des Sportalm-Prospekts war. »Das hat mich wirklich erstaunt und es war beschämend«, schüttelt sie den Kopf. Am schlimmsten aber sei, dass es immer noch ungute Reaktionen gäbe, wenn nichteuropäisch aussehende Frauen in ihren Prospekten vorkommen. Auch Models jenseits der gängigen Größen oder in fortgeschrittenem Alter sind ihrer Meinung nach noch immer nicht wirklich akzeptiert. Bei anderen Aspekten kann die erfahrene Modemacherin gerade durch die Pandemie aber ein Umdenken beobachten, das sie sehr befürwortet: »Corona ist auch in der Modewelt ein Brandbeschleuniger. Es werden Dinge hinterfragt, die lange nicht hinterfragt wurden. Gerade in der Mode gibt es davon ja viel zu viel: viel Schlechtes, das unter elenden Bedingungen produziert wird. Wenn die Menschen Mode jetzt nicht mehr nur als Konsummittel ansehen, sondern als Kleidungsstück achten, das auch etwas wert ist, weil man ja nicht einfach nur ein Stück Plastik auf seiner Haut tragen will, dann ist das ein großer Fortschritt«, hofft sie.

Für sich selbst ist Ulli Ehrlich davon überzeugt, dass ihr Leben gut weitergehen wird, »was immer da kommen mag. Und in zwanzig Jahren habe ich sicher einen Haufen Enkelkinder«, lacht die Kitzbühlerin, die sich selbst oft jünger fühlt, als sie manchmal von ihrer Umgebung wahrgenommen wird, wie sie erzählt. »Ich finde es immer so lustig, wenn man selbst jemanden trifft, den man ewig nicht gesehen hat, und man sich denkt, oh Gott, bist du aber alt geworden – als wäre an einem selbst die Zeit nicht vorbeigegangen!« Selbstbild und Fremdwahrnehmung, warum sollte es ihr da anders gehen als vielen anderen Fünfzigerinnen …

Michaela Kardeis
Unsere Generation hat etwas weitergebracht!

»Mein jetziger Job ist wie ein doppelter Lotto-Gewinn. Also besser hätte ich es mir nicht wünschen können, diese Kombination ist einfach genial. Es ist immer noch Polizei, es sind die Themen des Innenministeriums, und das quer durch die Bank: von Migration über staatspolizeiliche und kriminalpolizeiliche Arbeit, Strategien, best practices, nach Wien berichten, wie Herausforderungen, die uns global betreffen, in den USA begegnet wird. Und dass ich jetzt in Washington lebe, das ist einfach doppelt genial.« Wenn Michaela Kardeis von ihrer beruflichen Entwicklung erzählt, kommt sie aus dem Schwärmen gar nicht mehr heraus. Wobei sie hierarchisch schon einmal höher oben war, aber das hat sie »abgehakt«: »Ich muss nicht mehr an der Spitze stehen. Ich habe schon so viel erreicht, ich war ja wirklich sehr früh dran mit meiner Karriere.«

Im Jahr 2001 wurde Michaela Pfeifenberger, wie sie damals hieß, als erste Frau Leiterin einer polizeilichen Sicherheitsbehörde in Österreich und bekam als »Frau Polizeidirektor« von Schwechat dementsprechende mediale Aufmerksamkeit. In meinem Buch »30erinnen« durfte die studierte Juristin natürlich nicht fehlen. »Dass ich die erste Frau in diesem Job bin, ist mir nicht besonders wichtig. Für mich ist auch die Anrede Frau Polizeidirektor total in Ordnung. Per Gesetz gibt es den Titel eben nur so«, erzählte sie damals und meinte, sie wolle dieses Theater, das es gerade um die Anrede Frau Landeshauptmann oder Frau Landeshauptfrau gebe, lieber nicht, denn: »Wenn es einmal mehr Frauen in solchen Positionen geben wird, dann wird man sich schon etwas einfallen lassen«, meinte sie im Jahr 2002, und an dieser Einstellung hat sich auch fast zwanzig Jahre später kaum etwas geändert. »Ich erinnere mich, dass wir damals über das Gendern gesprochen haben und was ich dazu gesagt habe. Na, es ist ja eh so gekommen«, schmunzelt sie. »Das ›-In‹ ist mittlerweile dran und das finde ich auch cool. Aber ich persönlich hätte auch gut mit der Frau Direktor weiterleben können.«

ICH BIN DURCH POSITIVE DISKRIMINIERUNG WEITERGEKOMMEN

Als Dreißigjährige betonte Michaela im Gespräch für mein damaliges Buch auch, dass sie sich selbst absolut nicht als Feministin sehe und erzählte, wie sie es als Dissertantin und Berufsanfängerin beim Land Salzburg als »echte Themenverfehlung« empfand, dem Büro für Frauenfragen und Gleichbehandlung zugeordnet zu werden, weil sie nicht für etwas kämpfen wollte, was eigentlich selbstverständlich sein sollte. Außerdem wollte die gebürtige Salzburgerin immer zur Polizei, wollte eine Uniform, wollte sich nicht mit Frauenfragen beschäftigen. Und sie wollte »kein Pickerl aufs Hirn, auf dem steht: ›Emanze‹«. Ihre zielstrebige Arbeit führte Michaela ohnedies bald in andere Gefilde, nach der Position als erste Frau Polizeidirektor wechselte sie als Polizei-Vizepräsidentin nach Wien, 2017 wurde sie die erste Generaldirektorin für die Öffentliche Sicherheit. »Beruflich war ich es also gewohnt, immer die erste Frau an der Spitze zu sein. Das macht mich natürlich ein bisschen stolz und es war mir schon auch ein Anliegen zu zeigen: Frau kann es! Also zu beweisen, dass ich das kann, das war schon immer in meinem Hinterstübchen. Ich wollte es mir selbst beweisen, aber auch der ganzen Frauen- und Männerwelt und der ganzen dienstlichen Welt auch«, analysiert sie rückblickend ihre unglaubliche Karriere. Das Frauenthema sieht sie im Nachhinein aber doch ein wenig anders als damals. »Ich glaube, für mich war es ein Vorteil, eine Frau zu sein, weil natürlich jeder Vorgesetzte, jeder Politiker stolz darauf war, mich als erste Frau in Funktionen bestellen oder ernennen zu dürfen. Dort, wo es die gläserne Decke zweifelsohne für viele Frauen immer noch gibt, bin ich durch Frauenförderung und durch positive Diskriminierung weitergekommen. Also wenn ich ein Pickerl, das ich nie am Hirn haben wollte, vielleicht doch habe, dann dass ich so weit gekommen bin, weil ich positiv diskriminiert wurde. Aber das tut auch nicht weh.« Quotenregelungen sieht sie inzwischen absolut positiv. »Solange es bei Postenbesetzungen nicht völlig unbedeutend ist, welches Geschlecht, welche Hautfarbe, welche Religion oder welche sexuelle Orientierung jemand hat, solange brauchen wir positive Diskriminierung.« Sie selbst habe sich als junge Frau mit großer Karriere damals einfach sehr stark abgrenzen müssen, weil sie andauernd mit Fragen konfrontiert war, warum sie als junge Frau so schnell so weit »nach oben« gekommen war. »Als ich damals gesagt habe, ich bin keine Feminis-tin, da habe ich das Wort sicherlich falsch verwendet. Ich war nie und bin nicht radikal, ich glaube auch nicht, dass ich eine bin, die stark für Frauen-rechte kämpft, aber natürlich bin ich Feministin. Mein Engagement geht eher dahin, dass ich überzeugen und vor allem beweisen will und nicht nur radikal fordern«, meint sie heute. Als Verbindungsbeamtin des Innenministeriums ist Michaela Kardeis an der österreichischen Botschaft in Washington stationiert und arbeitet dort mit KollegInnen aus der ganzen Welt zusammen. »Egal ob es KollegInnen aus den USA oder anderer Herren Länder sind, meine Beob-achtung ist, dass es kein wirkliches Thema mehr ist, ob ein Job von einer Frau oder von einem Mann gemacht wird. International gesehen gibt es da schon eine größere Selbstverständlichkeit als bei uns. Auf politischer Ebene freilich setzt gerade die neue US-Administration unter Präsident Joe Biden sehr gezielt auf Diversität, auf Frauenförderung. Aber das ist natürlich eine Reaktion darauf, was unter Donald Trump passiert ist.«

UNERWARTET UND GROSSARTIG: MEINE HEIRAT

Amerika faszinierte die begeisterte Motorradfahrerin schon seit jungen Jahren, wobei es sie früher mehr nach Süd-, denn nach Nordamerika gezogen hat. »Der Reiz des Auslands«, wie sie es selbst formuliert, begleitete Michaela schon als Schülerin, weshalb sie sich mit fünfzehn Jahren für ein Auslands-semester bewarb, dann aber doch in Salzburg blieb. Später wollte sie sich als Außenhandelsdelegierte für die Wirtschaftskammer bewerben: »diesen Brief habe ich immer noch in meiner Bewerbungsmappe«, lacht sie. Mit dem Job im Innenministerium legte Kardeis in ihren Dreißigern die Idee, im Ausland zu arbeiten, aber erst einmal ad acta. Für die »große Planerin«, wie sich Michaela selbst bezeichnet, passte ein Auslandsaufenthalt nicht mehr in ihren Karriereweg – wobei auch sie inzwischen gelernt hat, dass das Leben, auch wenn man es gerne plant, immer wieder für Überraschungen gut ist.
»Das Unerwartetste, aber auch das Größte, was mir in den letzten zwanzig Jahren passiert ist, war tatsächlich meine Namensänderung, also meine Heirat«, lacht Michaela Kardeis. »Heiraten, das hatte ich mit dreißig wirklich

noch nicht geplant. Meine Hochzeit und meine Übersiedlung in die USA, das sind die zwei wirklich großen Veränderungen in meinem Leben, seitdem wir uns das letzte Mal begegnet sind.« Wobei das eine auch mit dem anderen zusammenhängt. Auch Michaelas Mann ist ein begeisterter Reisender, gemeinsam haben die beiden vor ihrer Übersiedlung nach Washington viele Reisen durch die USA unternommen und im Jahr 2009 auch dort geheiratet. »Wir haben in Las Vegas geheiratet, aber geplant, nicht spontan«, erzählt sie lachend, »und wir haben uns immer gesagt, einige Jahre in den USA zu leben, das wäre schon ein tolles Ziel«. Ein Ziel, das immer mehr zu einem großen Wunsch der beiden wurde und für das sie immer konkretere Ideen entwickelten: »Wer immer von uns beiden als erste oder erster einen Job in den USA bekommt, wenn einer von uns dort einen Job hat, dann gehen wir. Und dann ging es eigentlich recht rasch. Im Innenministerium gab es schon viele Jahre den Plan, einen Verbindungsbeamten in Washington zu installieren, was aber immer am Budget und anderen Themen scheiterte. Und plötzlich wurde dann die Entscheidung dafür getroffen und da haben wir gesagt: Jetzt oder nie.« Michaelas Mann kündigte seinen Job, in dem er »sehr zufrieden war«, übersiedelte mit ihr nach Washington, wo er aber auch bald wieder eine gute Stelle fand. Ihrer gemeinsamen Idee, jeden noch so kurzen Urlaub für Reisen durch die USA zu nützen, kam leider Corona in die Quere, aber das wollen die beiden jetzt endlich nachholen.

Sosehr Michaela ihre beruflichen Schritte von Beginn an geplant hat, sowenig hat sie das in ihrem Privatleben getan. »Weder habe ich mir als Kind vorgestellt, dass ich da im weißen Brautkleid stehe und dann kommt der Ritter in der edlen Rüstung«, lacht sie, »noch habe ich mir je eine große Familie gewünscht. Das Heiraten war aber sehr, sehr schön für mich. Und natürlich war dann auch Familie ein Thema, wobei mein Mann vielleicht ein bisschen zurückhaltender war als ich mit dem Kinderwunsch. Also haben wir uns darauf geeinigt, dass wir einfach schauen, was passiert. Wenn ein Kind kommt, wunderbar, wenn nicht, ist es auch gut. Wahrscheinlich hat mir dabei geholfen, dass ich im Freundeskreis mitbekommen habe, wie groß die Sorgen bei unerfülltem Kinderwunsch sind, die ganzen Sorgen, das medizinische Rundherum. Dass wir das Thema Familiengründung dem Zufall, dem Glück, dem Karma oder was auch immer überlassen haben, damit kann ich besser leben. Und so leben wir eben genauso glücklich zu zweit.«

Überhaupt sei sie mit den Jahren gelassener geworden und habe gelernt, dass man eben doch nicht alles planen kann und dass sie sich selbst mit ihrem strengen Plan nicht nur Gutes getan hat. »Im Nachhinein betrachtet glaube ich, dass mich meine ganze Planerei eher noch mehr zur Pessimistin gemacht hat, als ich leider an sich eh schon bin. Mir meine eigenen Schwachstellen, meine Stolpersteine anzuschauen, das war als junge Frau ganz gefährlich für mich, weil ich ja unbedingt beweisen wollte, dass ich es schaffe, dass ich es kann. Scheitern wäre ganz, ganz gefährlich gewesen in diesem Kontext. Naiv war ich als junge Frau sicherlich nicht, ich würde mir selbst eher vorwerfen, dass ich zu viel überlegt habe und zu wenig optimistisch war«, meint sie. »Mit dem Älterwerden bin ich auch ruhiger geworden. Natürlich plane ich immer noch. Aber langsam kommt auch ein Optimismus durch, der meinen grundlegenden Pessimismus langsam zurückdrängt.« Schon im Interview für »30erinnen« bezeichnete sich Michaela als »pessimistischen Menschen, der immer gleich das Schlimmste annimmt«. Damals hatte sie keine Ahnung, warum das so sei. Jetzt glaubt sie, dass auch die strenge Erziehung durch ihre Mutter, zu der Michaela ein enges und gutes Verhältnis hat, dazu geführt hat, dass sie sich als junge Frau stark selbst unter Druck setzte. »Aber natürlich war ich früher einfach auch viel unsicherer. In manchen Bereichen bin ich jetzt wesentlich selbstbewusster. Immer noch denke ich darüber nach, wie mich andere wohl wahrnehmen, wie mein privates Umfeld reagieren wird und, und, und. Aber es ist nicht mehr so, dass ich jetzt etwas tue, nur weil es für andere wichtig ist oder ich anderen unbedingt gefallen will. Das empfinde ich als sehr angenehm, das nimmt viel Druck weg.«

Persönlich habe sie sich in den vergangenen Jahren ansonsten aber nicht stark verändert. »Von meinem Charakter her bin ich immer noch dieselbe. Im Auftreten aber bin ich wahrscheinlich schon anders. Das Zeigen von Selbstbewusstsein war früher eher etwas Aufgesetztes, also im Sinne einer Maske, die man nicht ablegen darf. Es ging darum, Power zu zeigen, auch wenn man Selbstzweifel hatte. Mit dreißig habe ich mir gesagt, ich darf keine Fehler machen. Jetzt kann ich auch mir selbst gegenüber sicher leichter Fehler zugeben.« Das Älterwerden also ein reiner Gewinn an Lebensqualität? »Jein«, meint Michaela und lacht. »Rein körperlich gesehen natürlich nicht. Die ersten grauen Haare sind da, aber die sind mir wurscht. Zipperleins wie Kreuzweh, die hatte ich immer schon. Am meisten merke ich mein Alter bei der Sehkraft, die schwindet nämlich – ohne Brille geht gar nichts mehr. Falten und so belasten mich null, Botox ist auch kein Thema für mich. Aber es gibt schon eine Sache, über die mein Mann und ich immer wieder reden und nachdenken: Wie lange werden wir noch große Urlaube machen können? Lange Flugreisen, die immer mit Strapazen verbunden sind, Zeitverschiebungen, Koffer schleppen etc. – da merkt man das Alter schon. Wir werden wohl noch so fünfzehn bis achtzehn Jahre arbeiten, aber ob wir noch so lange coole Urlaube machen können, wer weiß?«, grübelt sie. Erst kürzlich verstarb eine Kollegin an der Botschaft. »Krankheiten, Todesfälle im engeren Umfeld. Da kommt man schon ins Nachdenken, ob man Dinge aufschieben soll oder besser gleich machen. Ich bin zu dem Schluss gekommen: Am besten jetzt oder zumindest bald.« Aber am liebsten auch die Dinge unternehmen, die ihr auch früher wichtig waren und viel Spaß gemacht haben, auch wenn das manchmal Fragen aufwirft: »Bin ich schon zu alt fürs Nova Rock? Darf ich noch auf ein Festival gehen als Frau in meinem Alter? Oder ist es ok, wenn ich irgendein Motiv-T-Shirt anziehe?« Doch Michaelas Antwort ist auch klar: »Natürlich gehe ich aufs Nova Rock, wenn es endlich wieder eines gibt. Und natürlich ziehe ich weiterhin Motiv-T-Shirts an – in meiner Freizeit natürlich.«

Ich sehe mich nicht als Vorbild

Beruflich liebt sie nach wie vor die Uniform, auch wenn sie diese in ihrem derzeitigen Job nur selten trägt. Als junge Frau Polizeidirektor eine Uniform für sie zu finden, war damals eine richtige Herausforderung, wie sie in »30erinnen« erzählte: »Wir haben nach einer passenden Hose gesucht, aber keine gefunden. Irgendwie wurde dann eine Uniformhose für mich auf-getrieben, die sich irgendwann einmal ein Hofrat hat machen lassen, die wurde dann umgeschneidert. Das Gefühl, eine Uniform zu tragen, das war super. Total klass.« Inzwischen ist Dienstkleidung für Frauen in hierarchi-schen Polizei-Jobs kein Exotenthema mehr, wobei, wie uns die Berufssol-datin Andrea Linauer in diesem Buch erzählt, beispielsweise Frauen beim Bundesheer in puncto Infrastruktur und Ausstattung noch immer gegen Unterversorgung kämpfen. Frauen wie Andrea Linauer beim Bundesheer oder Michaela Kardeis bei der Polizei haben diesbezüglich viel für die nach-folgende Frauengeneration verändert. »Ich selbst sehe mich aber nicht als Role Model oder Vorbild. Ein paarmal habe ich mich an Mentoring-Projek-ten beteiligt und das war durchaus spannend und hoffentlich auch für die Jüngeren hilfreich. Ich glaube, ich kann gut zuhören, gut analysieren und Menschen durchaus auf den Sprung helfen, aber im Endeffekt macht jede und jeder seinen eigenen Weg. Und es ist mir jetzt persönlich kein Anliegen, dass mir die Jugend nacheifert, also das muss nicht sein.« Insgesamt, so ist sich Kardeis sicher, habe sich für Frauen in den letzten Jahren aber vieles zum Besseren gewendet. »Ich glaube schon, dass unsere Generation etwas weiter-gebracht hat. Jetzt geht es darum, dranzubleiben, weiterzumachen, weiter zu beweisen. Aber auch weiter zu probieren und einfach zu tun.«

Die Polizeikarriere war übrigens nicht Michaelas allererste berufliche Wunschvorstellung – Ärztin und Physikerin wollte sie ursprünglich werden, ein Studium außerhalb von Salzburg war aber nicht finanzierbar. Jus hatte sie auch schon immer interessiert und Uniformen hatten sie schon als Kind fasziniert und so ergab dann eins das andere. Wobei sich auch da vielleicht wieder ein Kreis schließen könnte. »Im Moment bin ich wahnsinnig gerne in meinem Job in Washington, aber solche Jobs sind zeitlich begrenzt. Für danach habe ich schon ein paar Ideen. Vielleicht noch ein Verbindungsbeamtenjob in einer anderen Destination oder Gesundheitsförderung im Ministerium, das würde mich interessieren. Das ist ein Zukunftsthema. Beraten, coachen, das finde ich zunehmend interessant.« Und so verschieben sich die beruflichen wie privaten Interessen und Bedürfnisse ja doch mit den Jahren.

In den USA, erzählt Michaela, reagiere man auf die Bedürfnisse der jeweiligen Altersgruppen mit ganz konkreten Projekten. »Das Thema Alter ist hier natürlich ein anderes, vor allem auch, weil es kein gesichertes Pensionssystem gibt und die meisten viel länger arbeiten als bei uns in Europa. Aber es gibt geografisch ganze Pensionistengegenden, also Orte und Städte als Rückzugsgebiet für ein gutes Leben für ältere Menschen – wobei es nicht unbedingt um Ortswechsel gehen muss«, erzählt sie. »Man sagt dazu nicht Pensionistenheime, sondern das sind Wohnanlagen für 50plus, das ist hier durchaus üblich. Da gibt es einen ganz anderen Zugang: Es gibt mehr Sportmöglichkeiten, weil man ja fit und gesund bleiben will. Vielleicht sucht man einfach auch mehr Ruhe, will keine Teenagerpartys mit lauter Musik nebenan oder die Sandkiste vor dem Haus. Das ist einfach zielgruppenorientierter als bei uns. Unlängst musste ich aber schon lachen, also wenn ich jetzt fünfzig werde, darf ich dann da auch hin, in so eine 50plus-Community«, scherzt die temporäre Auslandsösterreicherin. »Wobei, meine Midlife-Crisis, die hatte ich eh schon mit vierzig. Also das war mehr so eine Midlife-Sekunde. Ganz kurz war der Gedanke, jetzt wirst du alt, schlimm, und dann war es auch schon wieder vorbei.« Schließlich ist auch fünfzig nur eine Zahl, also was soll's. In nächster Zukunft hofft Michaela Kardeis endlich wieder ihrer großen Leidenschaft, dem Reisen, nachgehen zu können, innerhalb den USA verreisen und irgendwann eine Vietnam-Rundreise machen zu können, von der sie und ihr Mann schon lange träumen. Und irgendwann steht dann die berufliche Rückkehr und Heimkehr nach Wien an. Dass sich Michaela dafür spannende Dinge einfallen lassen wird und wir von ihr hören werden, davon ist auszugehen …

Nancy Semeda
Mit Tabus gebrochen

»Einen roten Blazer kann eine Frau mit fünfzig Jahren nicht mehr tragen.«
Dieser Satz ihrer Mutter ist Nancy Semeda noch immer sehr präsent und
sie erzählt ihn auch gerne im Rahmen ihrer psychologischen Beratungstätigkeit, bei der es vorwiegend darum geht, das Selbstbewusstsein ara-
bischstämmiger Frauen zu stärken und ihnen zu helfen, sich von gesellschaftlichen Tabus zu befreien. »Sie ist eine Oma«, erzählt Semeda, sei in
traditionellen muslimischen Gesellschaften immer noch oft zu hören, wenn
von Frauen ab fünfzig die Rede sei. Und Omas hätten sich eben dezent zu
kleiden, am besten in Schwarz. Lippenstift und fröhliche Kleidung, wie
sie sich selbst gerne stylt, glichen da beinahe einem Akt der Rebellion.
»Wir Frauen sind da oft auch unser eigener Feind. Diese Anmerkungen
über Frauen, die traditionelle Bilder überwinden, kommen oft von Frauen:
›Geniere dich‹, ›das darfst du nicht‹, nicht selten hören das Frauen von
Frauen. Ich kenne das auch. Auch mir wird von Frauen vorgeworfen, dass
ich viel zu emanzipiert sei. Aber zum Glück gibt es auch viele, die mich als
Vorbild für ihre eigene Selbstfindung sehen.«

In unseren westlichen Ohren klingt unglaublich, was die gebürtige
Ägypterin in geschliffenem Deutsch erzählt, und schnell wird klar, wie
mutig und tabubrechend ihre psychologische Beratung ist, die sie seit
2019 von Wien aus betreibt – und wie weit ihr eigener Weg war, seitdem
sie 1995 mit zweiundzwanzig Jahren der Liebe wegen aus Ägypten nach
Wien kam. »Als Kulturschock würde ich es nicht bezeichnen, weil ich
schon immer ein offener und aufgeschlossener Mensch war. Aber natürlich hat mich das anfangs gewundert, wenn sich ein Paar auf der Straße
geküsst hat. Es hat mich auch gestört, ich habe mich gefragt: Was ist da
los?«, erzählt sie über ihre ersten Eindrücke in der neuen Stadt, in einer

neuen Welt. Am schwierigsten war es für sie, die vor ihrer Übersiedlung in Kairo noch schnell ihr Studium englischer und amerikanischer Literatur abschloss, sich in Österreich ohne jegliche Deutsch-Kenntnisse zurechtzu-finden. Einen Deutschkurs finanzierte ihr ägyptischer Ehemann nämlich nicht. »Das war aus privaten Gründen nicht möglich.« Also suchte sie nach anderen Wegen, Deutsch zu lernen. »Wir lebten in einer Einzimmer-wohnung im 16. Bezirk, mein Ex-Mann war den ganzen Tag unterwegs, also habe ich das Fernsehen angedreht und bin bald bei einer Sendung hängen geblieben, die mir interessant vorkam und wo ich auch ohne Sprachkenntnisse ein wenig verstehen konnte.« Mit einem Wörterbuch Englisch – Deutsch auf dem Schoß hörte sie den Moderatoren Elisabeth Engstler und Wolfram Pirchner Nachmittag für Nachmittag zu, schrieb einzelne Wörter so nieder, wie sie diese hörte, und schaffte es peu à peu, einige Wörter zu identifizieren und zu lernen. »Nach etwa einem halben Jahr konnte ich dann immer mehr verstehen, bald auch einige Sätze auf Deutsch sprechen und ein wenig mit den Menschen kommunizieren«, erzählt sie. Dass die Sendung, durch die sie eine erste sprachliche Annä-herung, einen ersten Schritt Richtung Integration schaffte, ausgerechnet »Willkommen Österreich« hieß, lässt sie heute schmunzeln.

MIT DREISSIG WAR ICH NICHT DER MENSCH, DER ICH SEIN WOLLTE

»Mir war sehr wichtig, Deutsch zu lernen, auch schon bevor meine Tochter in den Kindergarten kam. Aber ich wollte nicht nur für sie ein Vorbild sein, ich wollte ja auch verstehen, was rund um mich geredet wird, mitlachen, wenn gelacht wird. Ich bin ja kein dummer Mensch.« Fünf Jahre nach ihrer Ankunft in Wien suchte sich Nancy ihren ersten Job. »Ich konnte damals schon ziemlich gut Deutsch reden. Aber im Schreiben, da war ich noch nicht so perfekt. Also suchte ich nach einem Job, wo ich mit Arabisch und Englisch punkten konnte.« Und den fand sie zunächst bei der Egypt Air, später bei Qatar Airways, wo sie sich bis zur Marketing-Koordinatorin für Österreich und Osteuropa hocharbeitete. Seit 2012 arbeitet Semeda für die Erste Bank, ihre Passion, ihr zweites Standbein als Psychologin baute sie sich in den letzten Jahren parallel zu ihrem Brotberuf auf. Aber zuerst musste sie mit sich selbst ins Reine kommen, erzählt die zweifache Mutter, und das sei ein langer und nicht einfacher Weg gewesen. »Mit dreißig

Jahren war ich nicht der Mensch, der ich gerne gewesen wäre. Manchmal bekomme ich jetzt noch eine richtige Wut, dass ich in meinen jungen Jahren noch nicht diese Power hatte wie jetzt. Stellen Sie sich vor, wenn ich die Zeitmaschine jetzt in Richtung dreißig stellen könnte, wie glücklich ich hätte sein können«, meint Nancy, die aber auch genau weiß, warum sie ihre Kraft, ihr Selbstbewusstsein erst in späteren Lebensjahren finden konnte. »Von Grund auf war ich eigentlich immer eine aufgeschlossene, starke und emanzipierte Frau. Aber die Umgebung und meine Lebensumstände haben mich immer hinuntergezogen. Ich wollte aber hinauf. Das war ein ständiger innerer Kampf. Nach außen war ich trotzdem immer sehr aktiv, sehr stark. Aber innerlich war ich überhaupt nicht sicher«, schildert sie ihr junges Ich. Besprechen konnte sie ihre emotionalen Probleme damals aber mit niemandem, sie litt immer alleine, bis sie Mitte dreißig in eine mittelschwere Depression abglitt. Ein erster Wendepunkt, ein weiterer folgte bald – eine Lungenembolie. »Da kam ich wirklich drauf, dass in meinem Leben einiges nicht stimmte und dass ich das ändern musste«, erzählt sie sehr offen über ihre seelischen Qualen, die sich andere Frauen vielleicht ersparen könnten, hofft sie, wenn sie rechtzeitig auch auf sich selbst schauten. »Ich glaube, dass es vielen Frauen so geht wie mir damals. Nach außen Karriere-Power-Woman, ein perfektes Image, aber mit sich selbst nicht wirklich im Reinen, immer auf der Suche nach Bestätigung von außen«, meint sie aus ihrer Erfahrung als diplomierte psychologische Beraterin.

SCHEIDUNG UND AUSBILDUNG WAREN DIE WICHTIGSTEN ENTSCHEIDUNGEN MEINES LEBENS

Nach Depression und schwerer Krankheit lenkte Nancy mit Anfang vierzig ihr Leben in neue Bahnen. Als wichtigste Entscheidungen ihres Lebens nennt sie heute die Trennung von ihrem Mann und den Beginn ihrer Ausbildung zur Lebens- und Sozialberaterin an der Sigmund Freud PrivatUniversität. »Geschieden zu sein ist in muslimischen Gesellschaften immer noch ein Tabu. Das ist eine Schande. Es bedeutet, dass eine Frau ihre Aufgaben nicht gemacht hat. Tabus belasten Menschen, insbesondere in arabischen Ländern.« Unangenehme Momente, wie sie es ausdrückt, hätten auch sie viel Kraft bei ihrer Scheidung gekostet. Wie groß, aber auch wie schwierig dieser Schritt für Nancy war, kann man nur erahnen. Über ihre Ehe, ihren Ex-Mann, ihre ureigensten Gefühle will sie lieber nicht zu viel erzählen, viel wichtiger sei, was sie durch ihre Erfahrungen für andere gelernt habe und nun weitergeben könne: andere Frauen darin ermutigen, ihren eigenen Weg zu finden, Klischees zu hinterfragen, darum gehe es bei ihrer Beratungstätigkeit. »Das psychische Wohlbefinden jeder Frau, das Wecken ihres eigenen Selbstbewusstseins ist mein Ziel«, beschreibt die Siebenundvierzigjährige ihre Tätigkeit als Online-Coach und erfolgreiche Youtuberin. Online-Coaching hat in ihrem Fall ausnahmsweise nichts mit Corona zu tun, sondern liegt schlicht und einfach daran, dass Nancy Semedas Kundinnen auf der ganzen Welt verstreut leben, viele von ihnen in der Golfregion.

In der arabischen Welt ist Nancy Semeda längst eine bekannte Stimme für die Rechte der Frauen. Ihre stets auf Arabisch verfassten Videos erreichen ein Millionenpublikum, fünfzehn Millionen Aufrufe bekam sie mit einem Video, in dem es darum ging, Frauen zu befähigen, ihre eigenen Gefühle und Bedürfnisse besser zu verstehen. In zahlreichen arabischen TV-Sendern ist sie seitdem gern gesehene Interview-Partnerin, mehr als 290.000 Abonnentinnen zählt sie auf ihrem Youtube-Kanal. Ihr aktuelles Buch wurde im November 2020 auf dem Sharjah International Book Fair präsentiert – mit rund 80.000 Buchtiteln eine der größten Buchmessen der Welt. In Wien freilich wissen selbst manche KollegInnen nichts von ihrem zweiten Leben als Role Model für viele muslimische Frauen. Aber auch hierzulande trat Semeda schon einmal öffentlich in Erscheinung – als sogenannte Integrationsbotschafterin im Rahmen des Projekts »Zusammen:Österreich« des damaligen Integrationsstaatssekretärs Sebastian Kurz in den Jahren 2013 bis 2016. Inzwischen liegt ihr Fokus aber bei der Stärkung von Frauen in ihren Heimatländern. »Eines meiner Videos dreht sich um die Doppelmoral in islamischen Ländern. Das ist schon ein heftiges Thema. Je nachdem, wie man es gerade braucht, werden auch viele Verse des Koran ausgelegt. Ich habe den Koran auch gelesen und da steht beispielsweise auch einiges zum Umgang zwischen Mann und Frau. Aber dass Frauen geschlagen werden dürfen oder gehorsam sein müssen, das findet sich so nirgends im Koran. Die Interpretation des Koran dient leider oft dazu, dass Männer ihre gesellschaftliche Dominanz festigen und Frauen keine stärkere Position in der Gesellschaft gegeben wird. Das gefällt mir nicht.« Für Aussagen wie diese erntet die Muslima natürlich auch Kritik. »Ich solle mich genieren, hat mir einmal ein Mann aus der Golfregion geschrieben. Ich solle meine Hände mit schwarzen Handschuhen verdecken, weil sich nackte Hände nicht schickten. Ich würde die Frauen zur Rebellion motivieren und ihr Alter nicht respektieren. Aber inzwischen kommen auch viele Männer aus arabischen Ländern zu mir in Beratung. Weil sie genauso wie Frauen unter diesen Tabus leiden. Weil Männer genauso ein Problem mit dem Thema Selbstbewusstsein, Entscheidungen und ihrem Selbstwert haben«, freut sie sich. Die schönste Bestätigung für ihr Engagement komme aber von ihrem Sohn. »Mama, du bist mein Vorbild, ich bin so stolz auf dich, meine Freunde sprechen mich auf deine tollen Videos an‹, meinte er unlängst. Also das ist für mich das Schönste überhaupt«, strahlt sie.

Ihre Aufklärungsarbeit sei auch deshalb so erfolgreich, weil sie selbst eine Verbindung zwischen den Welten sei, meint Nancy. »Ich bin für viele die Emanzipierte, aber eben auch eine Mischung aus Tradition und europäischer Kultur.« So wie ihre Kopfbedeckung auch eine Art Mittelweg ist. »Kopftuch ist immer ein heikles Thema. Eine Frau mit Kopftuch ist genauso intelligent und brillant wie eine Frau ohne Kopftuch. Für mich war das einfach eine Gewohnheit, bekommt man als Mädchen die Periode, setzt man ein Kopftuch auf. So haben wir das von unseren Müttern gelernt. Ich persönlich habe mich mit dem traditionellen Kopftuch irgendwann nicht mehr wohlgefühlt, seitdem trage ich es anders, chicer. Weil es mir so besser gefällt. Und natürlich wurde ich am Anfang mit dem traditionellen Kopftuch in Österreich auch schief angeschaut. So wie ich das Tuch jetzt binde, schauen mich streng konservative Muslime schief an. Aber mir ist das wurscht. Das ist ja auch das Herrliche an meinem Alter – ich muss nicht mehr andere zufriedenstellen. Hauptsache, ich bin selber zufrieden.« Ihrer Tochter wollte sie nie vorschreiben, dass sie Kopftuch tragen solle, sei sogar eher dagegen gewesen, als diese sich doch dafür entschied. »Ich könnte nicht sagen: Meine Tochter ist mehr Österreicherin oder sie ist mehr Araberin. Sie ist eine Mischung und sie ist mit ihren vierundzwanzig Jahren wesentlich reifer, als ich es in ihrem Alter war.«

TABUTHEMA WECHSELJAHRE

Wenn Grenzen zwischen Kulturen oder Generationen verschwimmen, fühlt sich Nancy am wohlsten. »Vergangenes Jahr hat meine Tochter geheiratet. Und ich habe auf der Hochzeit genauso getanzt wie die Mädls. Keiner hat gedacht, das ist die Mutter, die verhält sich wie eine Mutter.

Aber ich hab's getan, weil ich mich wohlgefühlt habe und weil ich tanzen wollte und meine Seele, die ist halt wirklich jung, die ist manchmal wie bei einer Zwanzigjährigen«, lacht sie. Umso mehr störe sie, wie Frauen jenseits der fünfzig manchmal behandelt würden, so nach dem Motto, es gehe schon Richtung Pension. »Unternehmen setzen immer Wert und Kapital auf die Jungen, die viel Power haben und die die Firma nicht so viel kosten wie Ältere. Aber mit fünfzig kann man genauso viel Power haben und noch eine Menge Erfahrung dazu«, ärgert sie sich. »Wir Frauen um die fünfzig sind jetzt genau in der Mitte. Da geht es viel um Balance und Gleichgewicht. Nicht nur unten, nicht nur oben, sondern in der Mitte. Also ich glaube, das ist das beste Alter, um einfach die Mitte mit dir selbst zu erleben. Und jetzt ist die Zeit, auf sich selbst zu schauen. Wir haben lange genug vor allem auf die anderen geschaut, jetzt sind wir dran auf uns selbst zu schauen.«

Und dabei sei essenziell, weiter zu arbeiten oder, so wie sie es tat, noch ein Studium anzugehen. »Das Gehirn braucht eine Beschäftigung«, ist sie überzeugt. Ohne Beschäftigung würden wir in negative Gedanken fallen, das erlebe sie oft genug bei ihren Klientinnen. Erschwerend kommt dann noch die Suche nach einer Position in der Gesellschaft dazu: »Eine Gemeinsamkeit bei fast all meinen Gesprächen mit muslimischen Frauen meines Alters – ganz egal, ob sie in den USA leben oder am Golf – ist die Frage nach dem bisher Erreichten. War ich glücklich oder nur eine Maschine, die immer nur für alle funktioniert hat? Was ist jetzt meine Aufgabe, wenn die Kinder aus dem Haus sind?«, klassische Midlife-Crisis-Fragen könnte man meinen, die Frauen wie Männer weltweit immer wieder beschäftigen. Doch bei Frauen in muslimischen Gesellschaften sind sie an ganz grundlegende Verhaltensweisen gekoppelt, schildert Nancy. »Darf ich sagen, ich habe jetzt mehr Zeit und gehe mit meinen Freundinnen einen Kaffee trinken? Oder kann ich ins Fitnesscenter gehen, ohne meinen Ruf zu verlieren? Darf das eine Frau meines Alters überhaupt oder ist meine nächste Rolle ausschließlich die, mich um meine Enkelkinder zu kümmern?«

Älterwerden bringt für Frauen in traditionellen Gesellschaften neue Hürden mit sich, neue Tabus, über die man nicht redet, wie das Thema Wechseljahre. Genau darum geht es im neuen Buch, an dem Nancy Semeda gerade arbeitet, in dem sie in einem inneren Monolog anspricht, worüber frau nicht offen reden darf. »Wallungen, keine Monatsblutung mehr, Stimmungsschwankungen, vielleicht keine Lust auf Sex. All das möchte ich thematisieren. Raus aus dem Gefängnis, frei sein, als Frau nicht mehr auf der Strecke bleiben.« Auch in einem Video hat sich Nancy Semeda dieses Themas bereits angenommen. Der Titel: »Die 50erinnen. Zwischen Traditionen, Bedürfnissen und Konflikten.« Daraus soll auch ein Buch werden, erscheinen wird es auf Arabisch. Und vielleicht ja irgendwann auf Englisch oder Deutsch – wir würden es nämlich wirklich gerne lesen …

Andrea Linauer
Wir Frauen müssen auf den Tisch hauen

»Lustig ist das nicht, wenn die Handschuhe drei Nummern zu groß sind und ich damit mit einer Waffe hantieren muss. Das funktioniert einfach nicht. Auch wenn wir Frauen bei jeder Witterung über den Kasernenhof zur Dusche gehen müssen, mit nassen Haaren, auch bei Minusgraden, das ist nicht angenehm.« Frau Major Andrea Linauer nimmt sich kein Blatt vor den Mund, wenn es um Benachteiligungen von Frauen im Bundesheer geht, wo sie vor mehr als zwanzig Jahren als eine der ersten Frauen auf der Militärakademie in Wiener Neustadt ausgebildet wurde und wo sie trotz der immer noch schwierigen Arbeitsbedingungen für Frauen ihren absoluten Traumjob gefunden hat. Für jüngere Soldatinnen sieht sie sich inzwischen als Sprachrohr, hat ein Absolventinnen-Treffen und ein Mentoring-Programm ins Leben gerufen. »Wie geht's dir, wo gibt es Infrastruktur-Probleme, wie sieht es mit rechtlichen Regelungen rund um die Karenz oder Teilzeit aus. Einmal im Jahr treffen wir uns auch persönlich, der Austausch unter Gleichgesinnten tut einfach gut und ich versuche dann auch, Probleme zu lösen«, erzählt sie. Und: Im Zuge dieser Treffen sei ihr klar geworden, wieviel Geld es koste, Soldatinnen anzuwerben, von denen dann aber die meisten in den ersten Monaten scheitern. Seit 1998 sind Frauen im österreichischen Bundesheer zugelassen, ein Frauenanteil von zehn Prozent war damals geplant – Anfang 2021 sind es immer noch weniger als vier Prozent. »Mit dem Mentoring-Programm ist es aber zumindest gelungen, die Drop-Out-Rate wirklich zu senken, darauf bin ich schon stolz. Wir altgedienten Soldatinnen, die es quasi überstanden haben und noch immer dabei sind, können mit unserer Erfahrung den frisch eingerückten Kolleginnen, die sich in einem fast ausschließlich männlichen Umfeld wiederfinden, mit unseren Tipps helfen. Es ist schön zu sehen, wie man mit seinem Wissen und seinen Ideen ohne viel Aufwand doch recht viel bewirken kann.«

Sicherlich hätte auch sie eine solche Unterstützung während ihrer Ausbildung an der Militärakademie gut brauchen können, aber damals war Andrea eine absolute Pionierin im österreichischen Bundesheer, weit und breit keine weiblichen Vorgesetzten. Wie hart ihr eigener Anfang war, das erzählte mir die Berufssoldatin damals für mein Buch »30erinnen«: »Am Anfang gab es nicht wenige Momente, in denen ich mich fragte: Hast du das notwendig? Die wollen uns hier nicht. Was tue ich da?«, meinte sie damals. Jedes Mal, wenn sie solche Zweifel plagten, setzte sie sich selbst eine Sieben-Tage-Frist. Würde sie sich nach sieben Tagen immer noch so schlecht fühlen, dann würde sie kündigen. Aber nach sieben Tagen ging es ihr wieder besser, und je länger ihre Ausbildung dauerte, desto besser gefiel ihr das Soldatenleben. Also blieb sie.

ALS ERSTE SOLDATIN MIT EHEMANN AUF AUSLANDSEINSATZ

Wie ist es ihr in den vergangenen zwanzig Jahren ergangen, was hat sich in ihrem Leben verändert, ist ihr Leben so geworden, wie sie sich das als Dreißigjährige erhofft hat? Um diese Fragen dreht sich unser Gespräch bei einem Wiedersehen nach wirklich langer Zeit – gern hätten wir uns persönlich verabredet, aber es wurde ein Zoom-Date, mitten im harten Lockdown. Andrea Linauer lebt inzwischen in St. Johann im Pongau, womit sich ein Wunsch von damals erfüllt hat – »am liebsten im Westen Österreichs« würde sie einmal wohnen wollen, erzählte sie in »30erinnen«. Und irgendwann hätte sie schon gern eine Beziehung, meinte sie damals auch und schilderte, dass es für sie als Soldatin mit Männern schwierig sei. »Zivilisten haben meist eine gewisse Skepsis, wenn sie von meinem Beruf hören. Soldatin, ein Beruf, der sich für eine Frau nicht gehört«, hatte sie nicht nur einmal gehört. Beruf und Privatleben strikt zu trennen war ihr als Single aber sehr wichtig. Wie schaut das jetzt aus? »Der größte Unterschied zu damals ist, dass ich jetzt eine Familie habe. Das verändert einen in der gesamten Einstellung, man muss jetzt für jemanden sorgen, kann nicht mehr tun und lassen, wie man es persönlich möchte.« Mit fünfunddreißig bekam Andrea ihren Sohn und geheiratet hat sie einen Kollegen. Ihr Mann ist Unteroffizier, steht im Beruf hierarchisch also unter ihr. Privates und Berufliches rückte dann doch eng zusammen, so eng, dass sie mit ihrem Mann als erstes Ehepaar gemeinsam auf Auslandseinsatz war. »Ich war die erste Frau mit Ehemann auf Auslandseinsatz. Das gab Diskussionen ohne Ende. Wo werden sie schlafen, wie wird das funktionieren, was macht das mit der Kompanie und, und, und. Mein Mann war dabei ganz oft der Arme, der nicht einmal im Auslandseinsatz eine Ruhe vor seiner Frau hat. Da gab es viele witzige Situationen«, lacht sie. »Aber wenn man das alles mit Humor nimmt und sich ein Umfeld mit Leuten schafft, mit denen man sich gut versteht, dann geht das schon. Man muss sich ja nicht immer mit denen beschäftigen, die dauernd etwas auszusetzen haben, die blende ich inzwischen aus.« Das Jahr am Golan erlebte sie als »sehr prägend und sehr schön« – auch für ihre Beziehung. Nach ihr gab es einige Kolleginnen, die mit Lebens- oder Ehepartner unterwegs waren, was Auslandseinsätze für Frauen definitiv erleichtert hat. »Für viele Kameradinnen, die ohne Mann im Ausland waren, war das sehr schwierig: rund 300 Männer und drei oder vier Frauen. Auch wenn es nur ein paar Monate sind, das ist nicht leicht, auch nicht für die Männer, die zu Hause bleiben.« In den zwölf Monaten auf den Golanhöhen, einer von UNO-Soldaten überwachten Pufferzone zwischen Syrien und Israel, reiste Andrea öfter auch durch Syrien, war beeindruckt von der Schönheit von Städten wie Palmyra, fühlte sich von den Einheimischen immer herzlich aufgenommen. »Als diese Orte dann in den Medien waren, weil vom IS alles brutal zerstört wurde und in Syrien der Krieg ausbrach, da blutete mir wirklich das Herz. Ich hatte ja auch einen einheimischen Dolmetscher und da bekommt man natürlich einen ganz anderen Bezug zu all dem.«

WAS MÄNNER KÖNNEN, KANN ICH AUCH

In die Ferne hatte es Andrea schon vor ihrer Militärlaufbahn gezogen, direkt vor ihrer Aufnahmeprüfung auf die Militärakademie war sie ein halbes Jahr unterwegs und bestieg in Nepal die höchsten Berge der Welt – in Tibet schließlich mit dem Shisha Pangma auch einen Achttausender. Fünfzehn Liegestütze, zwei Kilometer laufen und fünfzehn Minuten schwimmen waren für sie bei der Aufnahmeprüfung damals ein Klacks. »Solange die körperliche Anforderung an weibliche Soldatinnen in Österreich der Jägertruppenkommandant bleibt, wird es aber schwierig bleiben, den Prozentsatz an Frauen zu erhöhen«, ist sie überzeugt. »Und die Frage ist schon, wo will unsere Armee hin? Die Australier oder die Tschechen beispielsweise haben viele Spezialabteilungen, wo man nicht mit 30 kg am Buckel 100 km spazieren gehen können muss. Ich selbst bin technischer Offizier bei der Luftraumüberwachung, das heißt, ich brauche vor allem technisches Wissen, sitze zu fünfzig Prozent am Schreibtisch. Was ich mir als Frau allerdings nicht leisten kann, ist, den sportlichen Anforderungen nicht zu entsprechen.« Denn einmal im Jahr werden die Soldatinnen und Soldaten routinemäßig auf ihre sportliche Fitness geprüft, sozusagen verpflichtend freiwillig. »Die Männer treten da nicht immer an«, erzählt Andrea, »ich würde mir das nie leisten! Das würden sofort alle wissen und das wäre ein Riesenthema. Das ist einfach immer noch so.« Und außerdem gäbe es einfach Dinge, die zu erfüllen seien. Die verlangt Frau Major von ihren männlichen Untergebenen und die müsse sie selbst »natürlich auch bringen«. Mit den Jahren sei sie auf jeden Fall selbstbewusster geworden, meint Andrea, die inzwischen weiß: »Das, was die Männer können, das kann ich auch. Vielleicht mache ich es manchmal anders, aber ich kann auch mit den vielen guten Männern mithalten. Dessen war ich mir nicht immer so bewusst. Vor allem, weil ich in den ersten Jahren als Frau nicht immer für voll genommen wurde. Also darüber könnte ich ein Buch schreiben«, schmunzelt sie. »Sehr lange haben Männer im Bundesheer einfach nicht damit umgehen können, dass Frauen auf einmal Kameradinnen waren oder plötzlich so ein junges Dirndl daherkommt und einem wesentlich älteren Vizeleutnant Befehle erteilt. Das muss man auch verstehen, das waren Erfahrungen, die diese Kollegen nie zuvor in ihrem Berufsleben gemacht hatten. Das war ein bisschen wie: Da kommt eine im Alter der Tochter und schafft an, und eine Tochter schafft dem Vater nun einmal ganz sicher nichts an. Erst mit der Zeit habe ich realisiert, welch einschneidende Erlebnisse das auch für die Herren gewesen sein müssen. Als Junge habe ich darüber nicht nachgedacht«, erinnert sie sich. Zeitweise sei sie zornig gewesen, weil sie als Frau viel härter um ihre Rechte kämpfen musste, inzwischen sieht sie das gelassener. »Wir sind eine Minderheit und wir können nicht überbordend fordern, zum Beispiel auch, was diese Infrastrukturmängel betrifft. Aber inzwischen bin ich auch in einer Position, wo man es nicht mehr so leicht wegwischt, wenn ich etwas einfordere. Und da setze ich mich gerne auch für meine jüngeren Kolleginnen ein. Unsere Anliegen lösen wir durch ein inzwischen wirklich gutes Frauennetzwerk. Aber natürlich ist es auch ein schönes und wichtiges Symbol für uns, dass jetzt eine Frau an der Spitze ist.«

Ich habe meine Karriere für die Familie zurückgesteckt

Und wie hat die Karriere-Soldatin das ewige Frauenthema Beruf und Familie gelöst? Ganz einfach – ihr Mann ging in Karenz. »Mein Mann ist so emanzipiert, dass er das akzeptiert, wie ich bin«, lacht sie. »Bei uns war auch immer klar, dass ich meinen Mädchennamen behalte. Und es war klar, dass er in Karenz geht. Das ergab durchaus witzige Situationen. Mein Mann war der einzige Vater in der Spielgruppe oder bei Kindergartentreffen, da schauen alle rundherum natürlich schon. Aber für ihn war das nie ein Problem, er hat immer gesagt: Meine Frau macht Karriere. Und damit war es dann erledigt.« In Summe blieb Andreas Mann drei Jahre in Teilzeit, sie selbst stieg nach sechs Monaten wieder in ihren Vollzeitjob ein. »Wo ist sie denn schon wieder, die ist aber schon eine Rabenmutter«, habe sie nicht nur einmal über sich gehört, selten direkt, aber wenn, dann wusste sich Frau Major zu wehren. »Einmal hatte ich mit dem Bürgermeister einen richtigen Eklat. Auf meine Frage nach Kinderbetreuungsplätzen, von denen es am Land ja immer noch viel zu wenige gibt, bekam ich die Antwort: Du wirst ja mit dem Kind jetzt wohl eine Zeit lang daheimbleiben. Das sei am Land so geregelt. Na, da war meine Antwort aber ganz klar: sicher nicht. Ich entscheide, wie lange ich zu Hause bleibe oder nicht, und ihr habt die Mütter zu unterstützen, dafür zu sorgen, dass es Plätze für die Kinder gibt.« Eine Antwort, die sich ihrer Meinung nach nicht viele Frauen zu geben getraut hätten, immer noch ließen sich Frauen einfach unterkriegen, und solange die Kinderbetreuung so schlecht funktioniere, vor allem am Land, sei in puncto Gleichberechtigung noch viel nachzuholen. Auch in ihrem Freundeskreis waren fast immer die Mütter zwei bis drei Jahre zu Hause. »Ich glaube, die Gesellschaft ist noch nicht so weit, dass Männer dazu bereit sind, mehr von der Kindererziehung zu übernehmen oder gar in Karenz zu gehen. Mein Mann ist da wirklich ein Vorreiter«, ist sie stolz.

Trotzdem hat auch sie karrieretechnisch für ihre Familie zurückgesteckt: »Ich könnte schon Oberstleutnant sein, wenn ich gewollt hätte.

Aber dieser Karriereschritt hätte bedeutet, definitiv weniger Zeit für meine Familie zu haben, und das will ich nicht. Die Work-Life-Balance, die muss schon stimmen.« Und es muss Zeit genug bleiben für ihr Engagement im örtlichen Skiklub, in dem sowohl ihr Mann als auch sie aktiv sind – und wo ihr Sohn seine große Leidenschaft entdeckt hat: »Der derzeitige Berufswunsch meines Sohnes ist Skirennläufer. Er geht in die Skihauptschule und trainiert intensiv. Mal schauen, ob das mit sechzehn auch noch sein Traum ist, aber ich freue mich, dass er ein Ziel verfolgt, dranbleibt, nicht den ganzen Tag vor dem Computer sitzt wie viele andere in seinem Alter. Ich glaube, dass er dadurch auch sehr gut durch die erste Zeit der Pubertät kommt«, freut sie sich über die sportlichen Ambitionen ihres Sohnes, der von klein auf mit viel Sport aufgewachsen ist.

Sowohl Andrea als auch ihr Mann sind begeisterte Skifahrer und Bergsteiger. »Das Einzige, was sich verändert hat über die Jahre, ist, dass ich jetzt mehr Zeit für die Regeneration brauche. Und was mir vor allem fehlt, ist die Zeit für das eigene Training. Beruf, Familie, das Haus, meine Arbeit im Skiverein, da bleibt nicht viel für mich selbst. Aber mit Dreißigjährigen, die nur gelegentlich spazieren gehen, kann ich immer noch locker mithalten«, scherzt sie. Und durch ihre neue Rolle als Mutter und Familienmensch habe sie auch für ihren Job viel gelernt. »Dieses Rücksichtnehmen, das man mit einem Kind lernt, das prägt schon sehr. Man muss Kompromisse eingehen in einer Partnerschaft, mit einem Kind, das wirkt sich auch auf berufliche Entscheidungen aus, ich bin kompromissfähiger geworden. Außerdem glaube ich, dass man als Vorgesetzte für Mitarbeiter, die Kinder haben, ein ganz anderes Verständnis entwickelt.« In manchen Dingen ist sie aber strenger geworden: »Wenn die Kommandanten meinen, sie müssen um 14 Uhr eine Besprechung ansetzen, genau dann, wenn ich mein Kind abholen muss, dann bin ich eben nicht dabei. Wenn ihr mich wollt, dann macht doch die Sitzung bitte um 9 Uhr – außer, es ist gerade wirklich dringend natürlich.«

Dass sie auch als Mutter weiterarbeitete, stand für Andrea Linauer nie infrage, wahrscheinlich weil sie das auch gar nicht anders kannte. Sowohl ihre Mutter als auch ihre Großmutter waren immer vollzeitbeschäftigt. »Frauen, die ewig zu Hause bei den Kindern bleiben und sich dadurch von ihren Männern abhängig machen, kann ich wenig verstehen. Und den Kindern schadet das auch nicht, wenn die Mütter arbeiten. Ich bin dadurch sehr selbstständig geworden, auch mein Sohn ist wirklich selbstständig, und das finde ich wichtig.« Und gerade bei Frauen rund um die fünfzig könne man beobachten, wie schwierig es für sie sei, wieder in der Arbeitswelt Fuß zu fassen, wenn sie jahrelang nicht oder nur geringfügig gearbeitet haben. Wenn dann auch noch die Kinder ausziehen und so manche Ehe in die Brüche geht, dann sei die Krise perfekt. »Klar könnte ich es mir jetzt leichter machen, könnte Haushalt und Kind leichter schupfen, wenn ich nur zwanzig Stunden arbeiten würde. Aber ich glaube nicht, dass ich dann so viel bewirken oder verändern könnte, wie wenn ich vollzeitarbeite und im Beruf auch meine Frau stehe und sage, wo es langgeht. Oder mich auch immer wieder im Ministerium einbringe. Ich glaube, dass ich so viel mehr verändern kann als als Hausfrau zu Hause«, ist sie sich sicher und sieht einen Grund für die immer noch klassische Aufgabenteilung in vielen Familien durchaus auch bei den Frauen. »Wir Frauen müssen auf den Tisch hauen und sagen: Die Arbeit wird geteilt! An vielem sind wir selber schuld, das merke ich auch bei mir. Wenn es viel Arbeit gibt, dann bin ich oft die Einzige, die sozusagen aufzeigt. Ich erledige es, weil ich es kann. Männer nehmen sich da auch gerne einmal zurück und warten ab. Und so, glaube ich, funktioniert das auch in vielen Partnerschaften. Als mir einmal alles zu viel wurde, haben mir männliche wie weibliche Freunde einen wirklich guten Rat gegeben: Du musst Nein sagen lernen.« Und – kann sie das jetzt, Nein sagen? »Perfekt bin ich noch lange nicht«, lacht Andrea, die von sich selbst meint, dass sie ruhiger geworden sei mit den Jahren. Hatte sie früher kein Wettrennen ausgelassen, wollte immer die Schnellste sein und hat bei jedem Wind und Wetter die höchsten Berge bestiegen, sei ihr das jetzt durchaus lieber, wenn das Wetter schön ist, schmunzelt sie und fügt schnell hinzu, dass das aber sicher auch mit der Verantwortung für ihren Sohn zu tun habe und weniger damit, dass sie jetzt weniger fit sei.

JETZT GEHT ES DARUM, DAS ERREICHTE ZU HALTEN

Insgesamt orientiert sich die Karriere-Soldatin lieber an Jüngeren, als sich wie manche Gleichaltrige in ihrem Umfeld gedanklich bereits mit der Pension auseinanderzusetzen. »Mir ist das völlig egal, wenn ich länger arbeiten gehen muss als die Frauen-Generation vor mir. Und als Technikerin interessiert mich soundso immer der Fortschritt, die Veränderung. Sicherlich werden neue Technologien auf mich zukommen, aber ich bin bereit, neue Dinge zu lernen. Die nächsten zwei, drei Jahre braucht mich mein Sohn noch intensiv, dann wäre ich schon daran interessiert, mich beruflich nochmal zu verändern. Vielleicht ein höheres Kommando übernehmen oder nochmal ein kurzer Auslandseinsatz, da gibt es mehreres, was mich reizt«, blickt sie in die Zukunft.

Und welche Bilanz zieht Andrea Linauer als eine der ersten Frauen beim Bundesheer über ihre letzten zwanzig Jahre als Soldatin? »Ich bin von Natur aus eher eine Führungspersönlichkeit. Ich sage gerne, wo es langgehen soll. Und das muss man in meinem Job natürlich auch wollen und können. Und das taugt mir. Wie mich die anderen beurteilen, ist mir nicht so wichtig. Ich weiß, was ich erreicht habe, und ich bin damit wirklich zufrieden. Ich war auf einem Achttausender, ich war eine der ersten Frauen auf der Militärakademie, ich habe für junge Soldatinnen ein Mentoring-Programm entwickelt und mit unseren Absolventinnen-Treffen auch einiges für uns Frauen im Bundesheer bewirken können. Jetzt müssen wir das Erreichte, diese Ziele halten und darauf schauen, dass wir nicht wieder zurückfallen, denn diese Tendenzen gibt es natürlich auch – so auf die Art: Jetzt drehen wir es denen wieder ab. Aber wenn wir Frauen unseren Job ordentlich machen und das Erreichte sichern, dann wird das nicht gelingen. Und dann sind wir bereit für die weiteren Schritte.«

Shlomit Butbul
Endlich mag ich mich

Sie ist Sängerin, Schauspielerin, Vocal Coach und sicherlich eine der vielseitigsten Künstlerinnen unseres Landes, dabei hatte Shlomit Butbul für ihr Leben eigentlich einen anderen Plan: »Ich wollte einfach nur heiraten und Mama werden, und das von ganz vielen Kindern«, erzählt sie, »das war mein Hauptplan fürs Leben schon als ich neunzehn, zwanzig Jahre alt war. Meine Karriere, die ist mir irgendwie passiert, lieber wäre ich schon ganz jung eine Mama geworden.« Ein ungewöhnlicher Lebensplan für eine junge Frau, die von klein an in der Künstlerwelt zu Hause war und deren Talente so offensichtlich waren, dass sie von Freunden nahezu bedrängt wurde, die Aufnahmeprüfung zur Musicalausbildung an der Wiener Musikuniversität zu machen. Viel zu spät und »völlig blauäugig« meldete sie sich als Achtzehnjährige schließlich dafür an: »Das würde heute überhaupt nicht mehr funktionieren, ich bin am Tag der Aufnahmeprüfung ins Sekretariat und die haben mich ausnahmsweise noch mitsingen lassen und dann haben sie acht von 200 aufgenommen und ich war eine von den acht und plötzlich habe ich Musical studiert.« Ihr Traum von den vielen Kindern sollte sich erst viel später und nach schmerzvollen Verlusten erfüllen.

Shlomit Butbul kam in der israelischen Hafenstadt Haifa auf die Welt. Ihre Mutter, Tochter einer Wiener Jüdin und eines katholischen Vaters, war dorthin übersiedelt und hatte einen marokkanischen Juden geheiratet. Hebräisch ist Shlomits erste Muttersprache und Israel blieb immer eine von mehreren Heimaten, obwohl sie mit sechs Jahren nach der Scheidung ihrer Eltern mit ihrer Mutter nach Wien übersiedelte. »Ich habe diese Mentalität, dieses Mediterrane in meinem Blut. Aber genauso habe ich das Wienerische in mir. Da wohnen wirklich mehrere Seelen in meiner Brust.« Vor allem ihre väterliche Großmutter war für Shlomit in ihren ersten Jahren eine prägende Bezugsperson, »ihre große Liebe«, wie sie rückblickend meint. Die Rückkehr nach Wien erlebte sie als traumatisch, weg aus dem mediterranen Leben, weg vom geliebten Meer, plötzlich mit einer anderen Muttersprache konfrontiert: Shlomits Mutter sprach mit ihrer Tochter in Wien nämlich ausschließlich Deutsch, für Shlomit damals eine Fremdsprache.

Aber in Wien eröffnete sich ihr auch bald eine völlig neue, faszinierende Welt – die Welt des Jazz. Ihre Mutter, die als junges Mädchen leidenschaftlich gesungen und mit sechzehn den damals renommierten Jugendgesangswettbewerb gewonnen hatte, verdiente den Lebensunterhalt für ihre kleine Familie als Kellnerin in diversen Jazz-Lokalen, wo sie auch selbst immer öfter zum Mikrofon griff und sang. Mit ihrem durch ihre Jazzclub-Arbeit entstandenen Spitznamen »Jazz Gitti« sollte sie bald Karriere machen und Shlomit damit konfrontiert werden, die »Tochter von« zu sein. »Als junge Frau bin ich von einem Engagement ins andere gestolpert, ich hatte noch nicht einmal mein Diplom und war schon am Grazer Opernhaus engagiert, habe Theater gespielt, eine erste CD aufgenommen, hunderttausend verschiedene Sachen, aber ich habe mich immer gefragt: Was mache ich da eigentlich? Wer bin ich? Und dann kam auch dazu, dass ich immer die Tochter von der Jazz Gitti war. Sehen die Leute nicht, dass ich ganz etwas anderes mache als meine Mutter? Das habe ich mich oft gefragt.« Als ernsthafte Künstlerin wahrgenommen zu werden, war für die Tochter der Jazz Gitti ein schwieriger Weg. Erst als sie sich neben diverser Musicalproduktionen dem »wirklich ernsthaften Theater« zuwandte, gelang ihr nach und nach auch die künstlerische Emanzipation von ihrer berühmten Mutter. »Es begann mit Soloprogrammen, wo ich für mich selbst gemerkt habe, dass mich das In-die-Tiefe-Gehen viel mehr interessiert als die sozusagen kommerzielle Kunst, in der ich angefangen habe. Ich habe meine Jazzband gegründet und bin bei den Wiener Festwochen aufgetreten oder habe im Theater in der Drachengasse gespielt, mich intensiver mit Literatur beschäftigt, ich habe so immer mehr meine künstlerische Welt gefunden.«

TRAUMA FEHLGEBURTEN

Nur mit dem eigentlichen Plan und Wunsch, eine große Familie zu gründen, wollte es nicht klappen. »Durch meine Arbeit habe ich gut verdient, konnte mir eine schöne Wohnung und ein Auto leisten und, was mir damals besonders wichtig war, ich konnte auch reisen. Aber alles andere hat nie funktioniert und das hat mich todunglücklich gemacht«, erzählt Shlomit, die in ihren Zwanzigern mehrere wichtige Liebesbeziehungen durchlebte. Doch mit keinem ihrer Partner erfüllte sich ihr Traum. »Mit meiner ersten großen Liebe war mir eigentlich klar: Den heirate ich und dann bekomme ich meine Kinder. Aber sein Leben war mehr Sex, Drugs and Rock 'n' Roll. Er ist jetzt einer der berühmtesten österreichischen Schlagzeuger in Los Angeles und im Nachhinein kann ich ihn auch verstehen, damals verstand ich ihn überhaupt nicht. Und so ging das dann mit meinen Beziehungen weiter. Immer wieder dachte ich mir: na jetzt aber! Und dann: nein, wieder nichts«, schildert Shlomit, die mit siebzehn Jahren nach Israel zurückgegangen war, um ihr Hebräisch aufzufrischen. Nicht bedacht hatte sie dabei, dass sie dort als israelische Staatsbürgerin zum verpflichtenden Militärdienst eingezogen würde, letztendlich konnte sie sich aus diesem nur durch eine »Fake-Hochzeit« befreien. Erst mit dreiunddreißig ging für die Künstlerin schließlich ihr Wunsch nach Familie in Erfüllung – nachdem sie fünf Kinder verloren hatte. Traumatische Erlebnisse, die sie erst vor einigen Jahren wirklich verarbeiten konnte. »Nach meinem 50. Geburtstag hat sich das plötzlich ausgebreitet, habe ich so eine wahnsinnige Traurigkeit in mir verspürt. Mit einer Schamanin, der ich zufällig begegnet bin, habe ich dann endlich jemanden gefunden, mit dem ich all meinen verstorbenen Kindern Namen geben konnte. Und endlich konnte ich sie loslassen und die Kinder waren endlich frei, konnten fliegen. Bis dahin hat mich das, wie man auf Wienerisch sagt, immer obizaht, hat mich unendlich schwer gemacht und indirekt hatte ich auch immer meiner Umwelt die Schuld dafür gegeben. Jetzt, mit 55plus, habe ich das endlich aufgelöst.«

Mit Anfang dreißig drehte sich für Shlomit das Leben schließlich in Richtung ihres großen Wunsches – heiraten und Kinder bekommen. »Ich war zweiunddreißig Jahre alt, wirklich erfolgreich, aber auch wirklich fix und fertig. Bis zu 720 Vorstellungen habe ich damals pro Jahr gespielt – im Kabarett Simpl manchmal bis zu drei Vorstellungen pro Tag. Parallel dazu war ich am Theater der Jugend engagiert, nachts habe ich Galas gespielt, mindestens zwei Jahre lang ging das so dahin. Eines Tages, ich kann mich ganz genau daran erinnern, saß ich in Berlin in einem Hotel und dachte mir: Also wenn du jetzt nicht schaust, dass du irgendeinen Typen findest, der dir endlich deine Kinder schenkt, dann wird das nichts mehr«, erzählt sie. »Und dann lernte ich diesen Mann im Internet kennen und er war der erste Mann in meinem Leben, der mich fragte, ob ich mit ihm eine Familie gründen wollte. Und ich sagte: Ja, bitte«, schmunzelt Shlomit. Binnen zwei Monaten zog sie zu ihm nach Luxemburg, brach in Wien alle Zelte ab. »Ich bin ja davon ausgegangen, dass ich jetzt Mama werde. Aber dann habe ich meine Zwillinge am Ende des vierten Monats verloren. Und dann bin ich dagestanden und habe mir nur gedacht: Was soll das? Wofür bin ich jetzt hier?« Wieder wurde die Kunst zum Plan B, auch wenn Shlomit das selbst nicht so bezeichnen würde. »Mein damaliger Mann stammt aus einer wohlhabenden luxemburgischen Familie, in deren Besitz auch ein Haus ist, das früher einmal ein Tanzcafé war. Also schlug er mir vor, dort ein Kulturcafé zu eröffnen. Anfangs wollte ich das eigentlich gar nicht, ich wollte nicht Intendantin für andere sein. Aber als ich dann in diesem Raum stand, der auch noch so eine wunderbare Akustik hatte, da merkte ich sofort, wie sehr mir mein Beruf eigentlich abging.« Also stürzte sich Shlomit in die Arbeit – und schon bald spielte alles, was im Benelux-Raum Rang und Namen hat, in ihrem Theater-Café »L'Inouï«, was übersetzt übrigens »Das Unerhörte« heißt. Aus der Jazz-Szene kamen MusikerInnen aus der ganzen Welt ins kleine Luxemburg, Herman van Veen spielte dort ebenso wie der Bruder von Mick Jagger oder die Rounder Girls, die regelmäßig aus Wien kamen. »Jean-Claude Juncker war bei uns Stammgast, er hat dann auch andere Politiker zu uns gebracht, Erwin Pröll beispielsweise kam gern vorbei, wenn er EU-Termine hatte.« Aus einem Experiment wurden schließlich vierzehn erfolgreiche Jahre und auch der Traum vom Familienleben ging endlich in Erfüllung. »Ich habe mich mit all meiner Energie für dieses neue Projekt eingesetzt und mir damals gedacht, o. k., das Leben will sichtlich, dass ich das mache, und dann bin ich schwanger geworden. Aber ich habe meine Tochter sehr schwer bekommen, es war wirklich schwierig, ganz abgesehen davon, wieviel ich zugenommen habe. Aber ich war so dankbar und glücklich.« Nach ihrer Tochter bekam Shlomit ihren Sohn und mit zweiundvierzig Jahren wurde sie noch einmal schwanger. »Ich hatte vierzig Kilo zugenommen, schwere Unverträglichkeiten und der Arzt meinte, es sei zu gefährlich, noch ein drittes Kind zu bekommen. Aber ich habe nicht auf ihn gehört. Ich wollte dieses Kind unbedingt, meine Kinder sind das Größte für mich, ich hatte mir das ja immer schon so toll vorgestellt. Als meine jüngste Tochter dann auf die Welt kam, war ich im Glück.« Um ihre Ehe war es damals aber schon nicht mehr so gut bestellt, und dass ihre Arbeit als Künstlerin doch ein wichtiger Teil ihrer selbst ist, wurde der dreifachen Mutter damals auch immer klarer. »Ich liebe meine Monster, wie ich sie manchmal nenne, ich liebe sie total. Aber ich habe auch gespürt, dass ich wieder zurück auf die Bühne muss«, erinnert sie sich. Auch auf luxemburgisch spielte die vielseitige Künstlerin, nicht nur in ihrem eigenen Haus, auch am Grand Theater und auf anderen Bühnen des Landes.

ALLEIN MIT MEINEN KINDERN: DIE SCHWIERIGSTE ZEIT IN MEINEM LEBEN

Aber irgendwann war die Zeit für ihr Kultur-Café vorbei und Shlomit zog es zurück nach Österreich. Obwohl ihre Ehe schwierig geworden war, übersiedelte sie schließlich mit Mann und Kindern ins Burgenland. »Der Plan war, dass mein Mann den Tagesjob mit den Kindern übernimmt und ich versuche, meine Karriere wieder aufzunehmen. Erstaunlicherweise ging das wahnsinnig schnell und es war großartig für mich. Nur mit dem Rollentausch klappte es überhaupt nicht, nach anstrengenden Proben kam ich immer zurück in eine chaotische Wohnung. Er hat überhaupt nichts gemacht zu Hause.« Nach eineinhalb Jahren zurück in Österreich war ihre Ehe endgültig am Ende. »Irgendwann habe ich mich in den Spiegel geschaut und mir gesagt: Das geht sich alles nicht mehr aus. Und dann war ich sehr mutig. Habe ihm vorgeschlagen, ich gebe ihm alles, was wir gemeinsam aufgebaut haben, wirklich alles, dafür nehme ich die Kinder. Und er ist darauf eingegangen. Und ich war sehr, sehr happy. Aber dann begann die schwierigste Zeit meines Lebens.« Alleine mit den Kindern, verantwortlich für alles, finanziell wie emotional.

»Ich habe damals auch noch eine Ausbildung zum Vocal Coach in Kopenhagen begonnen. Und ich habe mir oft gedacht: Wie soll ich das schaffen, ich packe das nicht. Ich wurde damals sehr krank und habe trotzdem immer weitergearbeitet. Aber ich habe endlich damit angefangen, mich mit mir selbst auseinanderzusetzen.« Fragen wie »Wer bin ich?«, »Was will ich?«, »Bist du angekommen, wo du sein wolltest?«, hatten Butbul schon ihr ganzes Leben begleitet, jetzt sollten sie endlich beantwortet werden. »Das Schöne daran ist, ich bin mir selbst immer näher gerückt. Ich konnte mich immer besser leiden, und auch wenn meine Lebensphase wirklich schwierig war, ich war stolz auf mich. Ich bin eine sehr starke Persönlichkeit und auch wenn ich es immer geliebt habe stark zu sein, ich habe auch wahnsinnig darunter gelitten, so stark, zu stark für andere zu sein.« Ein befreiender Prozess, der für sie rund um ihren 50. Geburtstag begann. »Egal, wie alt ich war, ich glaube schon, dass ich immer authentisch war. Aber als ich dreißig war, war ich wie ein wildes Tier. Oft sind mir Sachen rausgerutscht, bevor ich sie überhaupt noch zu Ende gedacht hatte. Ich hatte keine Balance in meiner Emotion, das hat mich als junge Frau wahnsinnig irritiert. Ich war gleichzeitig total unsicher und ungeheuer stark. Ich war wie ein Vulkan. Und für mich war das ein wahnsinnig anstrengender Zustand. Und: Die ganze Zeit über habe ich an mir gezweifelt – und wenn ich mir heute Fotos anschaue, ich war ja wirklich eine schöne Frau. Aber ich habe damals dauernd an mir gezweifelt, mich zu dick gefunden etc.«

LOSLASSEN IST GRANDIOS

Erst seit einigen Jahren habe sie einen inneren Zustand erreicht, den sie anderen Frauen auch sehr wünsche, erzählt Shlomit Butbul. »So, jetzt bin ich fünfzig oder mehr, jetzt ist mir alles wurscht. Ich darf sagen, was ich will. Ich darf sein, wie ich will. Endlich kann ich mich selbst genießen, das wird eigentlich immer besser. Manchmal gehe ich am Spiegel vorbei und denk mir: Ich kenne dich. Ein anderes Mal gehe ich am Spiegel vorbei und denk mir: Na, heid schaust aber a bisserl oid aus. Aber ist ja wurscht«, lacht sie und meint: »Dieses Loslassen von selbst erschaffenen Gefängnissen ist grandios.«

Ihre Kinder bleiben das Größte und Schönste und Wichtigste, aber inzwischen weiß sie auch, wie wichtig für sie ihre andere Seite ist. »Wenn mich jemand nach meinem Beruf fragt, dann sage ich: Ich bin Künstlerin. Weil ich die Kunst der Sprache liebe, die Kunst des Spiels und der Musik und weil ich wahnsinnig gerne bis ins hohe Alter, also eigentlich bis ich umfalle, arbeiten und kreativ sein möchte.« Dieses Glück, im Leben wirklich zu finden, was man sich erträumt hat, hätten ihrer Einschätzung nach aber nicht viele Frauen. »Mir fällt auf, dass sich viele Frauen dem beugen, was ihnen das Leben gebracht hat. Beruflich, in Beziehungen, auch was ihr sexuelles Leben betrifft. Aber die, die durch ein tiefes Tal gegangen sind und sich für das Leben entschieden haben, die werden oft wahnsinnig mutig. Es gibt im Leben manchmal einen Punkt, wo du entweder sagen kannst, o. k., ich gebe mich jetzt auf – oder ich genieße einfach jeden Moment. Und ich habe mich definitiv dazu entschlossen, jeden Moment zu genießen. Und das Leben ist schön! Und es freut mich wahnsinnig, wenn ich Menschen in meinem Alter begegne, die den Mut haben, sich selbst anzuschauen und sich zu freuen.« Die Welt ist für ihre Kinder ohnedies schwieriger geworden, ist Shlomit Butbul überzeugt – nicht erst durch Corona. Mit Mut und Zuversicht durch die Welt zu gehen, könne diese aber durchaus ein Stückchen besser und leichter machen, und das möchte sie gerne vorleben.

Daniela Auer
Bitte keinen Wellness-Gutschein

»Geht nicht, gibt's nicht. Geht Plan A nicht auf, dann gibt es einen Plan B. Ich schaue immer nach vorne, auch in der Krise jetzt. Schließt sich eine Türe, geht woanders eine auf.« Sätze, die wir alle schon einmal in irgendwelchen Ratgebern gelesen und möglicherweise hinterfragt oder gar belächelt haben. Aus dem Mund von Daniela Auer allerdings klingen sie mehr als authentisch. Sie lebt wirklich nach diesem Motto und hat in ihrem Leben auch schon mehrfach erlebt und bewiesen, dass das funktioniert. Bei unserer ersten Begegnung allerdings ist auch die gestandene Geschäftsfrau nicht in ihrem Element: März 2020 – seit einigen Tagen leben wir im Lockdown, hören ununterbrochen von Infektionen, Krankheit und Tod und befinden uns plötzlich mitten in einer Krise, von der wir alle noch nicht ahnen, wie sehr und wie lange sie uns beschäftigen wird. Außer Supermärkten und Apotheken ist alles geschlossen, auch der Hofladen von Daniela Auer. Liebevoll hat sie ihn in den vergangenen Jahren hergerichtet, um direkt am Gelände ihres riesigen Betriebs eigenes Bio-Gemüse und besondere Schmankerln zu verkaufen. Mit rund sechs Hektar Anbaufläche zählt Gartenbau Auer zu den größten Bio-Betrieben in Wien und beliefert von Wien-Simmering und ca. zwei Hektar in der Südsteiermark aus alle namhaften Bio-Eigenmarken im österreichischen Lebensmittelhandel. Normalerweise herrscht hier reges Treiben, normalerweise düst die Chefin täglich ein paar Stunden quer durch die Stadt, um ihre KundInnen mit frischem Obst, Gemüse, aber auch Blumen zu beliefern. Im März 2020 ist alles anders. Das Gittertor ist fest verschlossen, der Betrieb streng in Zonen aufgeteilt, um im Falle einer Corona-Infektion nicht ganz schließen zu müssen, einkaufen geht nur auf Bestellung. Und so lernen wir uns durch ein Gittertor kennen – mit Maske, angespannt, verunsichert und trotzdem ist es ein Highlight im Lockdown-Leben, das Gemüseholen in Simmering/Kaiserebersdorf, das Plaudern mit dieser spannenden Frau über den Zaun hinweg.

Daniela Auer wuchs in Graz auf. »Glücklich, unbescholten, ich hatte eine wunderbare Kindheit«, erzählt sie, als wir uns Monate nach unserer ersten Lockdown-Begegnung zum Interview für dieses Buch wiedertreffen. Vor allem ihre Oma sei immer sehr »Garten-affin« gewesen, erinnert sich die leidenschaftliche Gärtnerin, die als erste in ihrer Familie die Liebe zur Natur, zu Blumen und Pflanzen zum Beruf machte, worauf ihre Eltern heute unglaublich stolz sind. Dass das Haus, in dem sie aufwuchs, früher einmal eine Gärtnerei und Baumschule beherbergte, sei ein lustiger Zufall. Als Einzelkind bekam Daniela, wie sie es selbst formuliert, »die bestmögliche Schulbildung«, besuchte in Graz erst das Sacre Coeur, dann die Ursulinen, träumte davon, eines Tages in England Gartenarchitektur zu studieren. Doch dann entschied sie sich doch für einen direkteren, praktischeren Weg zu ihrem Traumjob, ließ die Schule Schule sein und begann eine Lehre in einem Floristikbetrieb. »Die Lehrjahre waren wirklich hart, am Anfang muss man halt auch viel Kritik einstecken, doch mit der Zeit wurde es auch besser, ich bin sattelfester geworden. Schlussendlich waren es doch einige Jahre, wo ich dort und in einer Zweigstelle kreativ war«, schildert sie ihre ersten Berufsjahre. Ihre erste Liebe führte Daniela dann weg aus Graz – nach Gmunden, die nächste Liebe nach Linz und ihr jetziger Mann schließlich nach Wien. Der Floristikbranche blieb sie immer treu.

NEUBEGINN MIT MITTE DREISSIG

»In Linz beginnt's, das hat auch für mich gestimmt, denn dort habe ich mein erstes eigenes Geschäft gestartet und meinen eigenen Weg eingeschlagen.« Die damals Vierundzwanzigjährige wollte mehr als »nur« schöne Blumen verkaufen. Sie fuhr mit ihrem Auto nach Holland und »stopfte es voll mit Accessoires«. »Vor dreißig Jahren kannte man das bei uns noch überhaupt nicht, aber Holland war schon immer Spitzenreiter für Dekos und Trends«, mit denen Daniela Auer damals ihre Linzer Kundinnen überraschte und auch begeisterte. Um sich um ihre geliebte Oma zu kümmern, kehrte sie aber bald nach Graz zurück und startete dort mit einem neuen Geschäft. »Von null auf tausend, das waren die goldenen Jahre damals,

Gartengestaltung in Kombination mit einem Shop, der auch sonntags öffnen durfte, weil er in der Nähe des Landesklinikums lag. Das war eine wirklich spannende und wunderbare Zeit.« Bis ihr damaliger Mann sich anderwärtig eine neue, eigene Zukunft suchte. »Also Mitte dreißig habe ich wieder neu angefangen« – zuerst beruflich, weil die Miete für ihr Geschäft plötzlich so stark erhöht wurde, dass es nicht mehr rentabel war, dieses weiterzuführen. Daniela begann als Produktmanagerin in einer großen Firma zu arbeiten, verantwortlich für den Deko-Bereich in der Floristik. Sie war nun ständig unterwegs: Holland, Deutschland, Italien usw. Nach der Trennung arbeitete sie noch eine Zeit lang als Produktmanagerin, eine Reise für Top-Kunden nach Holland brachte schließlich schon bald die nächste Wende in ihrem Leben. »Ich weiß noch genau, ich hatte einen riesengroßen Tisch in einem tollen chinesischen Restaurant für meine Kunden reserviert, ich war mit rund fünfzig Kunden unterwegs, im großen Stil war das. Stefan saß mir gegenüber an diesem Tisch damals beim Essen, wir haben geplaudert, sind dann noch mit ein paar anderen um die Häuser gezogen, ich hätte mir damals nie gedacht, dass etwas Näheres daraus wird.« Aber es wurde, und das schnell. Zwei, drei Monate lang pendelte sie von Graz nach Wien, zog bald zu ihrer neuen Liebe.

DIAGNOSE BRUSTKREBS

Seit 2002 lebt Daniela nun in Wien und führt gemeinsam mit ihrem Mann den Familienbetrieb. »Mein Mann ist wirklich großartig, Stefan ist das Beste, was mir in meinem Leben passiert ist, bei ihm kann ich sein, wie ich bin, ich kann meine Leidenschaft zu Pflanzen und zur Natur, aber auch die Lust am Kreativen voll und ganz ausleben, er gibt mir die Möglichkeit, meine Träumereien, Wünsche und Ziele zu verwirklichen, und dies alles mit einer unglaublichen Fürsorglichkeit. Er hat ein so großes Herz, ich bin mächtig stolz auf ihn und dankbar«, schwärmt sie. »Natürlich ist es auch sehr schön, wenn beide Ehepartner gemeinsam ein Ziel haben. Unseres ist es, tolle Produkte für jedermann herzustellen.« Doch ein weiterer »riesiger Einschnitt« in ihr Leben folgte bald nach ihrer Übersiedlung. »Als ich nach Wien übersiedelte, haben wir nicht gleich geheiratet, das haben wir erst 2008, als ich die Diagnose Brustkrebs bekam.« Daniela Auer war vierzig Jahre alt. »Ich frage mich ja bis heute: warum? Darauf werde ich wohl nie eine Antwort bekommen. Ich habe immer gesund gelebt, nie geraucht … Die Diagnose war wirklich schlimm! Aber ich habe immer nach vorne geschaut und mir gesagt, es ist ja ›nur‹ Brustkrebs.« Operation, Bestrahlung, Chemotherapie, eineinhalb Jahre ging Daniela durch viele schwierige Phasen, bis der Krebs besiegt war. »Dieser Mottenfiffi, also die Perücke, die hat mir nie gepasst, die hat gejuckt, genervt. Aber ich habe immer nach vorne geschaut. Im Krankenhaus habe ich an einem schönen Herbsttag im Park alles abgeschnitten, womit man ein schönes Arrangement gestalten konnte. Dort haben sie dann gelacht und gemeint, sie schmeißen mich jetzt raus, bevor ich ein Blumengeschäft aus dem Spital mache«, lacht sie. Ihre Krankheit konfrontierte Daniela aber auch auf brutale Weise mit einem Thema, das schon länger in ihr schlummerte, aber immer allem anderen, vor allem der Karriere nachgereiht war: mit ihrem Kinderwunsch. Ohne Chemotherapie konnte der Tumor nicht bekämpft werden, durch die Chemotherapie konnte sie keine Kinder mehr bekommen. »Also, du hast ja nie eine hundertprozentige Garantie, dass du wirklich geheilt wirst. Aber selbstverständlich habe ich mich für die Chemo entschieden.«

ENTSCHEIDUNG FÜR EIN PFLEGEKIND

Als der Krebs überstanden war, blieb das Kinderthema: »Geht Plan A nicht auf, gibt es einen Plan B«, ihrem Motto blieb die temperamentvolle Karrierefrau auch in dieser höchst persönlichen Angelegenheit treu und fand gemeinsam mit ihrem Mann schon bald eine Lösung. Sie hatten einige Berichte über Pflegeelternschaft gelesen und so entschied sich das Ehepaar Auer dazu, einen Pflegeelternkurs zu besuchen. »Bei dem Kurs wurde uns gesagt, dass es mitunter sehr schnell gehen könne, wenn man den Kurs absolviert hat und sich bereit erklärt, ein Kind aufzunehmen. Bei uns ging das dann auch wirklich schnell – von heute auf morgen sozusagen.« Mitten in den Dekorationsarbeiten für eine riesige Geburtstagsparty im Burgenland kam der Anruf des Jugendamtes. »Ich musste den Standort wechseln, weil der Empfang so schlecht war, und dann hörte ich: Frau Auer, wir haben das richtige Pflegekind für sie. Na bumm – was heißt ›das richtige Pflegekind‹?«, erinnert sie sich an ihren damals ersten Gedanken. Am nächsten Tag lernten sie und ihr Mann Emily kennen, drei Jahre war diese damals alt, auch ihre leiblichen Eltern waren beim ersten Kennenlernen dabei. »Das war schon sehr spooky. Die Eltern waren sichtlich überfordert, das kleine Mädchen total emotionslos, eine andere Welt. Wir haben dann schon überlegt, aber wir wollten Emily näher kennenlernen, dem Kind eine Chance geben.« Vor allem der traurige Blick der Dreijährigen, die kaum etwas zum Anziehen und so gut wie keine Spielsachen hatte, verunsicherten Daniela und ihren Mann anfangs sehr. »Als sie dann zu uns kam und wir ihr ihr Zimmer gezeigt haben, da sind ihre Augen immer größer geworden und zum ersten Mal haben ihre Augen gestrahlt – da habe ich dann gewusst, wir haben das Richtige gemacht.«

Heute ist Emily ein aufgeweckter Teenager mitten in der Pubertät. »Ja, da muss man wahnsinnig viel Geduld haben«, schmunzelt Daniela. Ihre Tochter hat nach wie vor Kontakt zu ihrer leiblichen Mutter, das bringe für alle Beteiligten noch einmal besondere Herausforderungen, vor allem auch für Emily. »Wir reden da aber ganz offen und ehrlich mit ihr über unsere spezielle Familiensituation. Sie muss ja auch ihre eigenen Wurzeln kennen. Was mich natürlich schon sehr freut, ist, dass sie wahnsinnig gern wieder zu uns nach Hause kommt, nachdem sie einige Stunden mit ihrer leiblichen Mutter verbracht hat.« Bei der Erziehung sei sie wahrscheinlich strenger als ihr Mann, meint Daniela, wobei sie sich diese genauso fifty-fifty aufteilen wie die Arbeit im Geschäft. Eines will sie ihrer Tochter unbedingt mitgeben: Durchhaltevermögen. »Wir waren anders, als ich es bei unseren jungen MitarbeiterInnen erlebe. Die kennen dieses Durchhaltevermögen nicht mehr. Dieses In-den-Tag-hinein-Leben, das kann ich nicht nachvollziehen. Oder mit Stöpseln in den Ohren chillig im Glashaus bei den Tomaten …, das geht gar nicht, also man muss schon konzentriert sein bei der Arbeit – und Respekt haben. Also ich hätte mich nie getraut, mich meinen Chefs gegenüber so zu verhalten.« Und sich selbst verlange sie diese Disziplin ja auch nach wie vor ab beim Arbeiten.

»Ich war immer ein Wirbelwind und daran hat sich auch nichts geändert. Nur, wenn ich ganz ehrlich bin, in der Früh, da muss ich mich jetzt manchmal erst mobilisieren, bis ich mich so bewegen kann, wie ich's brauche«, lacht sie. Und früher, als Dreißig-, Fünfunddreißigjährige, da sei sie wirklich immer laufen gegangen, das schaffe sie jetzt nicht mehr, »zeitlich nämlich, körperlich würde ich das natürlich noch schaffen, aber garantiert!« Und wenn sie sich mit einigen Freundinnen im selben Alter vergleiche, dann schätze sie sich doch sehr glücklich, so zu sein, wie sie immer war. »Also, die halten sogar ein Mittagsschläfchen, das ist schon eigenartig«, scherzt sie. Ihr sei dafür einfach »schade um die Zeit«, außerdem beobachte sie bei einigen, dass sie »einen Gang zurückschalten«, was wirklich schade sei. »Vielleicht sind sie einfach zufrieden mit ihrem Umfeld, so wie es ist, und das genügt ihnen. Ich habe noch so viele Pläne und auch so viele Wünsche. Also ich habe mir auch noch nie ausgerechnet, wann ich in Pension gehen könnte, wie das viele in meinem Alter schon tun.« Ruhe sucht Daniela nicht einmal im Urlaub, nur einmal war sie mit ihrem Mann übers Wochenende in einem Wellnesshotel – ein Geschenk von Freunden. »Nach dem Einchecken haben wir erst einmal geschlafen, so hundemüde waren wird. Am nächsten Tag haben wir's dann halt probiert und sind in die Wellness-Zone – also das war nichts für uns. Sehr bald haben wir wieder zusammengepackt und sind nach Hause. Also für mich keinen Wellness-Gutschein, bitte!«, lacht sie.

Wenn viel zu tun ist, dann ist die Bio-Gärtnerin genau in ihrem Element – wenn es positiver Stress ist, versteht sich. »Also diese erste Lockdown-Zeit, das brauche ich nicht noch einmal. Im Morgengrauen Bestellungen aufnehmen, schauen, dass das Homeschooling irgendwie funktioniert, dauernd andere Vorschriften, das war schon heftig.« Bei den weiteren Lockdowns kehrte auch in ihrem Betrieb eine gewisse Pandemie-Routine ein. Der Hofladen blieb offen, die Nachfrage nach regionalen Produkten wurde merkbar größer. Und auch wenn Maske und Abstand nach wie vor den Umgang mit den KundInnen bestimmen, in ihrem kleinen, feinen Geschäft am Stadtrand von Wien geht es wieder entspannter zu, bleibt vielleicht manchmal auch ein wenig Zeit für Small Talk. »Ich persönlich freue mich richtig aufs Älterwerden. Meine heiß geliebte Großmutter ist fünfundneunzig geworden, meine Mama ist auch einundachzig heuer. Da habe ich noch ein paar Monate und hoffentlich die Gene meiner Familie«, resümiert die Powerfrau unser Gespräch – und düst weiter zu neuen Terminen. Als angenehm empfindet aber auch sie, dass sie schon auf vieles stolz zurückblicken, aus vielen Erfahrungen schöpfen kann.

MARION TSCHIRK
VOM EISERNEN SINGLE ZUM GROSSFAMILIENMENSCHEN

Im Buch »30erinnen« war Marion Tschirk sicherlich eine der toughsten Frauen: jüngste Chefin einer Abteilung in der Creditanstalt, dann Selbstständigkeit mit einer Web-Agentur, eiserner Single laut Selbstdefinition. Zwanzig Jahre später ist sie immer noch eine erfolgreiche Businessfrau, immer noch Teilhaberin der Firma von damals, privat allerdings hat sie eine Kehrtwende hingelegt: Mutter von zwei Buben, Patchwork-Mutter einer inzwischen erwachsenen Tochter, seit achtzehn Jahren mit ihrem Mann zusammen. Und drei Halbgeschwister sind in der Zwischenzeit auch noch aufgetaucht. Es hat sich also einiges getan im Leben dieser Frau, die ich in meinem ersten Buch, »30erinnen, Portraits von Frauen, die es schon weit gebracht haben«, porträtiert habe und die über die Jahre eine liebe Freundin geworden ist. Mit vielen Frauen aus dem Buch hat sich ein loser privater Kontakt ergeben, mit Marion haben wir vor allem durch gemeinsame Unternehmungen mit unseren Kindern, die in ähnlichem Alter sind, zueinandergefunden – und zwischen Windeln und Sandkiste versucht, unser altes Leben bei dem einen oder anderen Glas Prosecco nicht ganz zu vergessen.

»Also, ich bin sicher gereift und ich habe den richtigen Mann gefunden«, lacht sie über ihre familiäre Entwicklung und fügt hinzu, dass ihr Karriereweg nicht möglich gewesen wäre, hätte sie schon in jüngeren Jahren eine Familie gegründet. »Ich glaube, damals war die Arbeitswelt noch nicht so weit. Heute ist es allgemein schon besser geworden für Frauen, Kinder und Karriere unter einen Hut zu bringen. Wobei es in manchen Berufen einfach notwendig ist, anwesend zu sein, und das geht nicht in dem nötigen

Ausmaß, wenn man Kinder hat, es sei denn, man will überhaupt nichts von ihnen haben«, meint Marion, die sich durch ihre Selbstständigkeit diesbezüglich in einer privilegierten Lage sieht. »Meiner Meinung nach ist es eines der größten Probleme für Frauen, die einen tollen Job haben und dann Mütter werden, dass sie ihren Beruf oft nicht mehr im selben Ausmaß und nicht mehr in derselben Qualität ausüben können. Da war ich absolut bevorteilt mit meinem Job. Ich konnte auch von zu Hause aus arbeiten, immer schon. Und so ging das auch ohne große Veränderungen weiter, als die Kinder da waren.« Sehr geholfen hat außerdem die Unterstützung ihrer Eltern und einer Nanny, die jeweils kurzfristig einsprangen, wenn Kundentermine anstanden und die Buben krank wurden.

Als sie schwanger wurde, machte ihr die neue Dimension in ihrem Leben trotzdem Angst. »Ich dachte mir, wie soll das gehen? Wie werde ich das alles handeln? – Viele Sorgen und Gedanken, die sich im Nachhinein zum Glück als übertrieben herausgestellt haben«, schätzt sie sich glücklich. Denn eines war für Marion Tschirk immer klar: Ihren Job aufzugeben und einige Jahre nur zu Hause zu sein, das wäre für sie das falsche Modell gewesen. »Also, so schön es ist, Mutter zu sein, und so sehr ich das immer genossen habe, auch als die Jungs noch ganz klein waren, ich glaube mir wäre langweilig gewesen, so komplett zu Hause. Dass ich mit meinen Kunden, mit meinem Beruf auch weiterhin etwas für meinen Kopf habe, das ist schon ein wunderbarer Ausgleich. Bei manchen Gesprächen am Spielplatz, da musste ich wirklich Reißaus nehmen. Mein Kosmos hat sich nicht nur um die Windeln meiner Kinder gedreht. Sagen wir es einmal so«, erinnert sie sich an so manche Begegnung mit anderen Frauen, die plötzlich ausschließlich ihre Mutterrolle zelebrierten.

WAHNSINN, WIE SICH DIE PERSPEKTIVE ÄNDERT

Marion Tschirk lebt heute völlig anders als vor zwanzig Jahren, im Kern hat sie sich aber weniger verändert, als es nach außen vielleicht scheinen könnte. »In meinen Dreißigern war ich der Überzeugung, dass mir die Welt offensteht. Ich war davon überzeugt, dass ich alles bewältigen kann, wenn ich es wirklich will. Dass ich mein Leben so leben kann, wie ich es will. Vielleicht war ich schon noch ein wenig naiv damals«, erinnert sie sich. In beruflichen Begegnungen mit Männern, in Sitzungen, wo sie damals weit und breit die einzige Frau war, versuchte sie diese zu spiegeln, indem sie einen Witz erzählte, was ja in solchen Runden eigentlich eine typische Männersache ist. Als junge Frau wollte sie absolut nicht akzeptieren, dass mit ihr anders umgegangen wurde, nur weil sie eben eine der wenigen Frauen auf dieser Karriereebene war. Wichtig ist ihr das immer noch, aber ihre Herangehensweise ist inzwischen lockerer, wie sie sich selbst insgesamt als gelassener erlebt als vor zwanzig Jahren. »Natürlich habe ich immer noch einen gewissen Ehrgeiz, die Dinge, die ich tue, auch gut zu erledigen. Aber ich bin wesentlich entspannter geworden. Ich habe eine andere Erfahrung, ich weiß, dass die Welt nicht gleich zusammenbricht, wenn einmal etwas schiefgeht. Mein Grundgefühl ist wesentlich ausgeglichener als in meinen Zwanzigern oder Dreißigern. Ich habe gelernt, dass es nach einem Down auch wieder bergauf geht. Wenn man mit fünfzig mit den wichtigen Entscheidungen, die man im Leben getroffen hat, zufrieden ist, wie ich das bin, dann ist das eine wirklich schöne Sache«, freut sich Marion und erinnert sich an ein Seminar für Führungskräfte aus ihrer Zeit in der Bank, bei dem sie sich als junge Frau über die Aussagen des Coachs wunderte, der damals um die fünfzig war. »Wir Jungen haben voller Elan diskutiert und er hat uns fast mitleidig angeschaut und gemeint, er sei froh, dass er nicht mehr so jung ist wie wir. Und ich habe mich gewundert und mir gedacht: Wovon spricht der? Er hat es dann auch begründet und von einer gewissen Gelassenheit und Lebenszufriedenheit gesprochen, die mit dem Alter komme. Damals konnte ich das überhaupt nicht nachvollziehen. Jetzt fällt mir diese Episode immer wieder ein. Und ich empfinde es genauso.« Ebenso erinnert sie sich an ihren damaligen Blick auf ältere Kolleginnen. »Ich glaube, ich war achtundzwanzig als eine vierzigjährige Kollegin Mutter wurde. Und ich dachte mir damals, oh Gott, wie kann diese alte Frau Mutter werden«, lacht sie. Ihren zweiten Sohn bekam Marion mit genau vierzig Jahren. »Ich habe das noch sehr genau im Kopf, was ich mir damals dachte, und dann wurde ich selbst in diesem Alter nochmal Mutter. Wahnsinn, wie sich die Perspektive ändert! Frauen um die fünfzig, das waren für mich natürlich ältere Frauen. So wie wir das jetzt leider wohl auch sind«, scherzt Marion, um gleich hinzuzufügen, dass sie schon hoffe, dass sie selbst nicht so alt wirke. »Ich denke mir, dass es mich relativ jung und fit hält, dass ich so junge Kinder habe. Ich könnte ja auch schon fünfundzwanzigjährige Kinder haben, aber ich beschäftige mich durch die Buben mit vielen jugendlichen Dingen.«

Was sie manchmal irritiert, sind die Geburtsdaten von anderen erfolgreichen Menschen. »Wenn man von SportlerInnen liest, die gerade auf ihrem Peak sind und in den 1980ern oder gar -90ern geboren wurden, das ist schon etwas erschreckend.« Und manchmal der Blick in den Spiegel: »Da sehe ich schon, dass ich jetzt in eine andere Liga gehöre. Ich komme mir ein bisschen vor wie die Schauspieler, die in der dritten Staffel von ›The Crown‹ von Netflix einfach ausgetauscht werden: gleiche Rolle, ältere Version. So geht es mir manchmal mit meinem eigenen Spiegelbild«, kokettiert Marion schmunzelnd. Als ihre eigene Mutter fünfzig wurde, war Marion fünfundzwanzig Jahre alt. Ob das für ihre Mutter damals ein besonderer Geburtstag war, daran erinnert sie sich nicht mehr. Ihren eigenen Fünfziger hat sie groß gefeiert. »Für mich war mein Fünfziger eigentlich eine schöne Sache. Die Zahl ist natürlich schon erschreckend, aber ich fühle mich ja absolut nicht als Seniorin, nicht wie 50plus, wie das immer noch oft zu lesen ist.« Wochenlang bereitete sie sich auf das große Fest vor, ordnete Fotos von all ihren Freunden, die sie eingeladen hatte und die aus Deutschland und der Schweiz extra zu ihrer Party nach Wien kamen. »Freundschaften sind für mich immer sehr wichtig gewesen. Das habe ich aus meiner Single-Zeit mitgenommen: Freunde bleiben im Normalfall. Mit Familie bleibt leider nicht mehr so viel Zeit, aber auch wenn ich langjährige FreundInnen manchmal wochen- oder monatelang nicht gesehen habe, das läuft sofort wieder rund. Man kennt sich ja durch und durch. Auf meiner Fünfziger-Party habe ich dann von allen Eingeladenen ein Foto gezeigt und unsere gemeinsame Geschichte dazu erzählt. Das war für mich wie ein Innehalten, ein Revue-passieren-Lassen. Die Vorbereitung darauf war etwas ganz Besonderes für mich«, erzählt sie – und wahrscheinlich nachhaltiger als das Fest selbst, wo Geburtstagskinder ja meist eher im Stress sind, sich um alle zu kümmern und mit jedem zumindest ein paar Worte zu wechseln.

Freundschaften sind also auch für den nunmehrigen Familienmenschen Marion sehr wichtig geblieben – wie ihre Leidenschaft seit jungen Jahren: das Reisen. »Als die Kinder ganz klein waren, war das natürlich reduziert. Aber als sie vier, fünf Jahre alt waren, haben wir damit begonnen, jedes Jahr eine schöne Reise zu machen. Egal, ob es Teneriffa war oder Südafrika oder Kuba, verreisen ist immer ein absolutes Highlight für mich«, erzählt Marion und freut sich, dass sie ihre Kinder auch mit ihrer Reiselust angesteckt hat. Die Neugier auf andere Länder und Kulturen und die Selbstverständlichkeit, dass Frauen wie Männer gleichbehandelt werden, sind zwei wichtige Anliegen, die sie ihren Buben mitgeben will. »Ich achte schon auf Gleichberechtigung und sage etwas, wenn da eine komische Meldung kommt. Aber ich habe das Gefühl, es entwickelt sich gut. Wir leben auch zu Hause gegenseitigen Respekt und Wertschätzung vor. Und es kommt schon vor, dass mich meine Kinder korrigieren, wenn ich Lehrer statt Lehrerin sage.« Und sollte sie das Gefühl haben, ihre Buben würden sich diesbezüglich in eine andere Richtung entwickeln, würde sie gegensteuern, wie sie es selbst formuliert.

Apropos gegensteuern, Spiegelbild, Schönheitsthema: »Also, ich erlebe das zweigeteilt«, meint Marion. »Ich bemühe mich sehr, meine körperliche Fitness zu erhalten. Weil ich auch das Gefühl habe, dass mir das seelisch sehr, sehr guttut. Bewegung hilft mir auch mit diesen ganzen Wechselgeschichten sehr. Und was das Optische anbelangt – ich hoffe, ich schaffe es, in Würde zu altern. Denn grundsätzlich, wenn ich ältere Menschen sehe, stört mich das überhaupt nicht, dass sie so aussehen wie sie aussehen. Ich finde, es gibt durchaus ältere Menschen, die richtig schön sind. Nicht im klassischen Sinne schön, aber schön durch ihre Ausstrahlung, dadurch, wie sie Dinge sehen oder wie sie mit Dingen umgehen. Ich glaube eigentlich schon, dass ich Botox und Co. widerstehen kann. Ich setze lieber auf Sport und gesunde Ernährung, als dass ich mich unters Messer lege. Außerdem gefallen mir auch nicht alle, die etwas haben machen lassen. Es entfernt zwar die Falten, aber schöner werden sie dadurch nicht unbedingt«, findet sie. Den Trend zu grauen oder weißen Haaren will Marion aber lieber auslassen. »Also ich gehe lieber noch eine Weile zum Friseur. Auch wenn mir das an mancher Frau gefällt, finde ich, dass graue Haare eher alt machen.« Und das muss ja auch nicht unbedingt sein.

ICH BIN GEREIFT UND HABE DEN RICHTIGEN MANN GEFUNDEN

Wie würde sie also die größten Veränderungen in den letzten zwanzig Jahren, seit unserem ersten Zusammentreffen, zusammenfassen? »Ich bin gereift und ich habe den richtigen Mann gefunden,« lacht sie. Sie hat zwei wunderbare Buben bekommen, die langsam auch aus dem Gröbsten heraußen sind, und Marion, die sich eigentlich nie vorstellen konnte, in einem so großen und engen Familienverband zu leben, genießt es durchaus, in ihrem Leben wieder mehr Freiräume für sich selbst schaffen zu können.

»Ich war eigentlich immer gerne alleine. Und ich glaube auch, dass dieser Typ noch immer in mir ist. Ich brauche meine Rückzugsmöglichkeiten, wo ich Zeit für mich haben kann. Und das geht ja auch zunehmend leichter. Aber wenn so viele Menschen in einem engen Kreis zusammenkommen, wie das bei der großen Familie meines Mannes der Fall ist, ist das schon etwas sehr Schönes. Mich hat das sicherlich inspiriert, Kinder zu bekommen«, ist sie sich sicher.

Aber wie wird es sein, wenn ihre Burschen die Schule erledigt haben, sie ihre Mutter nicht mehr in der Form brauchen wie jetzt? »Was machen wir dann? Manchmal kommen mir schon solche Gedanken. Und da ist Reisen nach wie vor ein großes Thema. Und, was mir eigentlich immer vorgeschwebt ist, ich möchte dann weniger arbeiten und meine Expertise auch woanders einbringen, zum Beispiel meine Fähigkeiten einer Tierschutzorganisation zur Verfügung stellen« – ein Wunsch, den Marion Tschirk schon vor zwanzig Jahren hatte, wie im Fragebogen für das Buch »30erinnen« nachzulesen ist. Allzu viel hat sich also doch nicht verändert in dieser Zeit? »Im Kopf habe ich immer noch meine Träume von damals. Ein Buch will ich auch immer noch schreiben. Eine Zeit lang habe ich auch damit begonnen, Notizen zu machen, aber dafür bräuchte ich einfach mehr Zeit und auch mehr Ruhe.« Die lassen ihre Verpflichtungen in Familie und Job nicht zu. Noch nicht …

MARGIT FRÖMMEL
DASS FRAUEN UND MÄNNER GLEICHGESTELLT SIND, WAR EINE ILLUSION

»Von einer wirklichen, ehrlichen Gleichberechtigung sind wir leider immer noch weit entfernt. Wenn Frauen und Männer irgendwo wirklich gleichbehandelt werden, dann ist das die Ausnahme und nicht das Selbstverständnis, das es sein sollte«, dessen ist sich Margit Frömmel absolut sicher und darüber war sie als junge Frau, die durchaus mit der Illusion ins Leben startete, dass es in ihrer Generation keinen Unterschied mehr macht, ob man als Frau oder Mann auf die Welt kommt, oft »bitterböse«. Und das ärgert sie auch heute noch. Aber da man mit dem Bösesein alleine bekanntlich nicht weiterkommt, stellte sie sich schon als ganz junge Frau den Problemen und kämpfte. »Ich habe mich bemüht und einfach noch mehr gearbeitet. Das hört sich jetzt abgedroschen an, aber um weiterzukommen musste ich als junge Frau weit mehr leisten als meine männlichen Kollegen. Das war einfach so. Gerade wenn es um Technik ging, da bin ich viel mehr hinterfragt worden als die Männer.«

Als Frau ist Margit Frömmel in ihrem Beruf eine absolute Seltenheit – die Bauherrnvertreterin, die Architektur und zusätzlich an der Fachhochschule Bauingenieurwesen und Baumanagement studiert hat, managt Baustellen. Begonnen hat sie mit der Bauaufsicht, inzwischen ist sie in der Bauherrn-Funktion, ist also nicht mehr Dienstleisterin, sondern diejenige, die die Leistungen der anderen bewertet. »Das ist natürlich eine andere Position als am Anfang, ich bin jetzt auf einer Ebene, wo meine Entscheidungen qua Funktion respektiert werden. Aber das war nicht immer so.«

Als sie neben ihrem Studium bereits mit Anfang zwanzig auf Baustellen arbeitete, habe sie »viele lustige Geschichten« erlebt, erzählt Frömmel. »Auf Baustellen selbst trifft man bis heute tatsächlich kaum Frauen. Und als ich mich als junge Frau in Richtung örtliche Bauaufsicht entwickelt habe, hat man mir dieses Umsetzen nicht wirklich zugetraut, sondern eher abgesprochen.« Also musste sie sich den Respekt erst einmal erkämpfen.

Wie ihr das gelungen ist, könne sie gar nicht mehr genau nachvollziehen, meint sie rückblickend, geholfen habe ihr dabei aber sicherlich, wie sie aufgewachsen sei. »Ich bin in einem ziemlichen Macho-Haushalt groß geworden. Also hat es mich herzlich wenig beeindruckt, wenn jemand laut wurde oder gar geschrien hat. In meiner Familie habe ich gelernt, wie man sich durchsetzt, den Herren sei Dank«, lacht sie und erzählt, dass in ihrer Familie aber auch die Frauen, vor allem ihre Mutter und ihre Großmutter, wirklich stark waren, was sie genauso geprägt habe. Und ihr Vater habe sie in ihrem Leben immer unterstützt, wenn das notwendig war, vor allem auch als Großvater. Aber dazu später. Als junge Frau war der »Macho-Haushalt« also eine gute Schule für die vorwiegend männliche Arbeitswelt, in die sie sich begab.

MEIN PLAN WAR EIN VÖLLIG ANDERER

Für das Architekturstudium entschied sich Margit, weil sie schon immer gern zeichnete und sich für Kunst interessierte. »Über diesen Weg bin ich dann relativ schnell bei der Architektur gelandet. An der Architektur hat mich immer auch das Räumliche fasziniert, dazu kam, dass mein Onkel Baumeister war, und das hat mich sicher motiviert, mich in diese Richtung weiterzuentwickeln«, schildert sie ihre Entscheidung für ihr Studium und ihre Berufsausbildung. Dass sie von einem normalen Gymnasium und nicht von einer technischen Schule wie einer HTL zum Studium kam, hätte ihr dieses anfangs sicher schwerer gemacht als anderen. »Ich musste mich schon hinsetzen und daran arbeiten«, erinnert sie sich an ihre ersten Semester an der TU Wien. Dass das Studium anspruchsvoll werden würde, darüber war sie sich immer im Klaren und auch dass es bei diesem Beruf Schattenseiten gibt. »Aber natürlich bewertet man das mit zwanzig anders als mit fünfzig, sonst hätte ich mich vielleicht doch nicht für diesen Weg entschieden. Wobei man sich ja von nichts erwarten darf, dass es zu hundert Prozent passt. Das sage ich auch immer zu meinen Kindern – jeder Job hat auch Schattenseiten, dass jemand wirklich zu hundert Prozent zufrieden ist, das ist wirklich die Ausnahme.« Und außerdem führt einen das Leben meist nicht ganz genau dorthin, wo man hinwollte. »Mit dreißig hatte ich wirklich das Gefühl, mir steht die Welt offen. Und mein Plan war ein völlig anderer, als es dann gekommen ist. Eigentlich wollte ich die Ausbildung beenden und dann durch die Welt ziehen. Ja, das wollte ich wirklich. Ich wollte im Hotelbereich tätig sein und mir dabei die ganze Welt anschauen, das war der Plan.« Und warum wurde daraus nichts? »Es kamen meine beiden Kinder«, lacht die Karrierefrau, »und die Realität war dann eine ganz andere. Ins Ausland zu ziehen, daran war nicht mehr zu denken, beziehungsweise wollte ich das dann auch nicht mehr. Ich wollte, dass meine Kinder stabil groß werden und ihr Umfeld haben. Ja, so war das.«

2004 kam ihre Tochter, 2006 ihr Sohn auf die Welt und das bedeutete für die Baumanagerin eine riesengroße Lebensumstellung. »Die ersten Jahre waren hart für mich, extrem hart. Mein Mann ist selbstständig, das heißt, ich musste zu Hause bleiben und konnte die ersten Jahre nicht arbeiten, weil wir auch keine Unterstützung vonseiten der Großmütter hatten.« Insgesamt vier Jahre blieb Margit zu Hause. »Meine Arbeit ist mir dabei wirklich abgegangen. Phasenweise ist mir schon die Decke auf den Kopf gefallen. Also habe ich mir ziemlich bald Alternativen gesucht – habe mich im Elternverein eingebracht, versucht, so wieder unter Leute zu kommen und Dinge zu organisieren. Weil Menschen unter einen Hut zu bringen, die verrücktesten Ideen umzusetzen, zu organisieren, das ist wahrscheinlich meine größte Gabe und das würde ich jetzt nicht nur auf das Bauwesen beschränken. Das ist, was ich wirklich kann. Und das habe ich auch vermisst und gebraucht. Wir haben die tollsten Feste gestaltet in diesem Elternverein«, erinnert sie sich.

Nach und nach stieg sie dann wieder in ihren Beruf ein und schaukelte Kinder und Karriere, oft begleitet vom berühmten schlechten Gewissen, das so gut wie alle berufstätigen Mütter kennen. »Was die Vereinbarkeit von Beruf und Familie betrifft, ist es in unserer Generation nicht wesentlich leichter geworden als in der unserer Mütter. Es wird jetzt vielleicht mehr darüber diskutiert. Und es gibt auch mehr Männer, die bereit sind, zumindest für ein halbes Jahr in Karenz zu gehen. Und dass die Väter einmal den Blickwinkel ändern und sehen, dass man da eben nicht den ganzen Tag auf der Couch sitzt und das Kind daneben spielt, sondern dass der Anfang mit kleinen Kindern wirklich sehr anstrengend ist, das ist sehr wichtig – auch für die Partnerschaft. Aber solange es nicht genügend Kinderbetreuungseinrichtungen gibt, bleibt die Sache schwierig. Dabei wäre es so wichtig, dass eine Frau auch mit gutem Gewissen wieder in den Job zurückgehen kann«, ärgert sie sich. Bei ihr hätte sich das schlechte Gewissen dann mit der Zeit gelegt, als sie sah, wie gerne ihre Kinder im Kindergarten waren. »Wenn sie dann freudestrahlend dort waren oder noch bleiben wollten, als ich sie abholen kam, da habe ich mich langsam entspannt und mir leichter getan mit dem Loslassen.« Als die Schulzeit begann, fuhr ihr Vater zweimal die Woche mit dem Zug zu den Enkelkindern nach Wien, um ihnen mit dem Alltag, den Hausaufgaben zu helfen, das war eine tolle Unterstützung. »Das hat er unübertrefflich gut gemacht. Die Kinder haben ihn geliebt und er sie. Es war für ihn absolut selbstverständlich, es ging um Familie und nicht um Bequemlichkeit. Das war großartig.«

Inzwischen sind ihre Kinder Teenager und können sich gut selbst organisieren, was auch die schwierige Lockdown-, Homeschooling- und Homeoffice-Zeit deutlich erleichterte. »Diese ganze Homeoffice-Sache hat ja Vor- und Nachteile. Und natürlich kann es gerade für Frauen mit kleinen Kindern eine Falle sein. Mit einem Auge die Kinder beobachten, mit dem anderen am Computer arbeiten, das geht schlicht und einfach nicht. Und Homeoffice wird uns vermehrt bleiben. Für Frauen mit älteren Kindern hingegen hat es durchaus Vorteile, da wird man ganz genau abwägen müssen.« Wobei Margit Frömmel die Vereinbarkeit zwischen Beruf und Familie nicht als einzige Schwierigkeit für Frauen unserer Generation sieht.

WIR MÜSSEN VIELEN ROLLEN GERECHT WERDEN

»In unserer Generation muss eine Frau vielen Rollen gleichzeitig gerecht werden: Karriere, Mutter und Familie, Hausfrau – und schön und sexy sollte sie bitte auch noch sein: Am besten wäre ein Model. Und das alles natürlich gleichzeitig«, meint sie sarkastisch. »Das wird von Männern einfach nicht mit der gleichen Selbstverständlichkeit verlangt. Wehe, die Frau entspricht nicht allen Kriterien – was ja schlicht und einfach nicht möglich ist. Dann ist der erste Vorwand da, um sie und ihre Leistungen zu schmälern – gerne auch von Frauen übrigens. Da gibt es immer noch ein wirkliches Ungleichgewicht zwischen den Geschlechtern! Wenn zu Hause etwas schiefläuft, egal was, so wird das gesellschaftlich noch immer mehr der Frau angelastet, warum?«, ärgert sich Margit. In den nordischen Ländern sei die Gesellschaft da schon wesentlich weiter als wir in

Österreich, meint sie: »Da herrscht ein völlig anderer Zugang. Und ich finde es furchtbar, dass bei uns dieses Frausein oder auch das Kinderkriegen, etwas für die Familie tun, in der Gesellschaft so dermaßen wenig anerkannt wird. Es wird einfach nicht entsprechend honoriert. Und da wäre es schon mal ein Ding, wenn unsere Generation damit anfinge, der nächsten etwas anderes weiterzugeben. Nämlich, dass es auch einen Wert hat, wenn ich Kinder gut großbringe. Und dass am Ende des Tages nicht nur dieses Ich-bezogene Leben zählt«, wünscht sich die Managerin, die es geschafft hat, mit Kindern Karriere zu machen, und die in ihrem Job auch den Vorteil sieht, vor allem mit Männern zusammenzuarbeiten. »Männer sind logischen Argumenten meistens besser zugänglich als Frauen. Es geht da oft rationeller zu: Wenn es zwei gleichwertige Lösungen gibt und die eine günstiger ist, werden alle für die günstigere entscheiden und niemand wird da lange diskutieren beispielsweise.« Würden Frauen da mehr diskutieren? »Ich glaube schon. Also, wie soll ich das am besten ausdrücken? Ich sehe Frauen in erster Linie als Charaktere, die mir gegenüberstehen, und natürlich hängt es stark vom Charakter ab, aber Frauen tendieren schon dazu, mehr zu diskutieren.«

Apropos Frauen: Wie hat sie als junge Frau Frauen ihres jetzigen Alters wahrgenommen? »Die waren unglaublich alt für mich«, amüsiert sie sich und freut sich, dass sie jetzt von jüngeren Kolleginnen immer wieder jünger geschätzt wird. »Ich habe ein paarmal die Erfahrung gemacht, dass jüngere Kolleginnen verblüfft waren, dass ich bald fünfzig bin. Die haben mir zehn Jahre abgezogen. Da war ich schon immer überrascht, wobei mein Alter mir in Wahrheit egal ist«, meint sie ein wenig kokett und ist überzeugt, dass fünfzigjährige Frauen unserer Generation wirklich anders seien als noch ihre Mütter. Und sie hat dafür auch eine mögliche Erklärung parat: »Ich denke, das liegt auch sehr viel am Selbstbild, am Selbstverständnis, das wir haben. Das hatte unsere Müttergeneration nicht in dieser Form. Wir sind in den 1980ern, -90ern aufgewachsen, das war von der Philosophie und vom Feeling her eine unglaublich freie Zeit, in der auch sehr viel Neues gekommen ist, ich denke an Computer, Handy, in dieser Zeit hat sich unglaublich vieles entwickelt, mit dem wir heute selbstverständlich umgehen.«

Rückschritt in puncto Emanzipation

Bei den heute dreißigjährigen Frauen beobachtet die Baumanagerin in puncto Emanzipation eher einen Rückschritt. »Manchmal habe ich den Eindruck, dass Frauen um die dreißig fast ein bisschen so etwas wie einen Gegenschritt machen. Die sind teilweise wirklich konservativer als wir. Ich wundere mich zum Beispiel manchmal darüber, was sie alles zu Hause übernehmen. Ich will mich nicht in das Privatleben anderer einmischen, aber manchmal würde ich schon gerne fragen: Warum macht ihr das?« Ihre Kinder würden jedenfalls eine Mutter erleben, die in der Männerwelt Karriere gemacht hat und die nie irgendwelchen Rollenklischees entsprechen wollte.

Als Mutter beobachtet sie vor allem den »Trend zu oberflächlicher Schönheit« mit großer Sorge. »Diese künstliche Welt, mit der unsere Töchter konfrontiert sind – also Söhne beschäftigt das ja zum Glück weniger –, ist grauenhaft! Junge Mädchen werden in bestimmten Medienwelten zu Abziehbildern gemacht, die absolut auswechselbar sind. Das finde ich furchtbar. Alles, was an Emanzipation bis dahin erreicht wurde, ist mit diesen Abziehbildern wieder weg. Was macht das mit diesen jungen Mädchen, mit ihrem Selbstwert? Man sollte doch viel mehr ihren Charakter stärken oder sich entwickeln lassen, als diese hohle Schönheit ohne Inhalt zu propagieren.« Dieser Trend setze junge Frauen nur unter Druck, das sehe sie auch bei ihrer eigenen Tochter, mit der sie viel darüber redet und der sie auch vorleben möchte, selbst nicht in diesen Schönheitszwang hineinzukippen – wobei: »Wir können es ihnen sagen und mit ihnen reden, aber in einem gewissen Alter geht es wahrscheinlich bei einem Ohr hinein und beim anderen hinaus und die Konkurrenz ist groß draußen im Internet, in den sozialen Medien.« Sie selbst nehme sich heute »realistischer« wahr als in jungen Jahren, meint Margit Frömmel, die sich mit Sport, am liebsten mit Schwimmen, fit hält und die für sich erkannt hat: »Auch wenn ich halbwegs gute Gene habe, wenn ich jetzt nicht an meinem Körper arbeite, dann helfen mir die Gene alleine auch nicht mehr«, lacht sie über sich selbst.

Um Familie und Beruf unter einen Hut zu bekommen, musste aber auch sie in einigen Belangen zurückstecken. »Meine Sprachen, die kommen schon lange absolut zu kurz. Als junge Frau war ich immer viel auf Reisen. Ich war dabei auch sehr gern spontan. Da ist eine schöne Ausstellung, interessiert mich, wir holen Tickets und los geht's. Also, ich habe früher viel Geld in Flugtickets investiert«, schmunzelt Margit, die neben Englisch auch Spanisch, Italienisch und Französisch fließend in Wort und Schrift beherrscht. In London lebte sie einmal für ein halbes Jahr, und wenn die Kinder einmal mit der Schule fertig sind, »wird die Zeit für all das hoffentlich wiederkommen«. Vielleicht geht auch irgendwann der Traum vom Klavierspielen noch in Erfüllung. »In unserem Wohnzimmer steht ein Flügel. Es klingt so schön, wenn meine Tochter und mein Mann darauf spielen. Aber ich traue mich nicht. Da müsste ich wirklich viel Zeit investieren und dazu bin ich noch nicht bereit. Aber vielleicht in der Pension, so ich eine bekomme, da mache ich das dann auch ganz sicher.«

ICH MUSSTE MIR DEN RESPEKT HART ERARBEITEN

In der Arbeit müsse sie jetzt jedenfalls nicht mehr so viel kämpfen wie als junge Frau: »Ich habe in meinem Alter das Gefühl, dass es leichter wird. Dass ich viel mehr respektiert und ernst genommen werde als mit zwanzig oder dreißig Jahren. Allerdings habe ich mir diesen Respekt auch hart erarbeiten müssen.« Womit wir wieder beim Thema Gleichberechtigung wären. Dass so etwas wie das inzwischen berühmte »Sofagate« im Jahr 2021 noch passieren kann, empört sie wirklich. Dass die erste weibliche Kommissionspräsidentin, Ursula von der Leyen, bei einem hochrangigen Treffen in Ankara auf einem abseitsstehenden Sofa Platz nehmen musste, während ihr Kollege und EU-Ratsvorsitzender Charles Michel auf einem Sessel neben dem türkischen Präsidenten Erdoğan Platz nehmen durfte, ist für sie absolut unverständlich und ein Affront gegen Frauen. »Wenn wir ehrlich sind, hat jede Frau bereits einmal so ein Sofagate erlebt. Leider war halt kein Sessel da. Ist es dieses Bild von Selbstverständnis, das wir unseren Töchtern weitergeben wollen? Der Schaden einer solchen Affäre ist größer als unsere vermeintlichen und offensichtlichen Werte«, ist sich Margit Frömmel sicher. Sie selbst wird sich weiterhin in der Männerwelt behaupten – in der Hoffnung, dass Männer und Frauen in der Generation ihrer Tochter nicht mehr so unterschiedlich, sondern als Menschen bewertet werden.

Kristin Hanusch-Linser
Mehr Selbstbild als Fremdbild

Kristin Hanusch-Linser treffe ich für unser Gespräch nicht persönlich. Das wäre im März 2020 gar nicht möglich gewesen, mitten im Lockdown, mitten in der Corona-Krise, die unser aller Leben so verändert, wie wir uns das nie hätten vorstellen können und uns vielleicht immer noch nicht ganz vorstellen können. Fast schon eine Ironie des Schicksals, jene Frau, die ihren beruflichen Fokus in Veränderung und Transformationsprozessen gefunden hat, mitten in einem solchen Prozess zu den wichtigsten Veränderungen in ihrem Leben zwischen ihren Dreißigern und ihrem Jetzt zu interviewen. An Corona kommen wir natürlich nicht vorbei bei unserem Rendezvous in der virtuellen Welt. »Die Luft wird zwar klarer durch Corona, aber auch viel dünner für uns Frauen. Der Kampf am Arbeitsmarkt wird wieder härter werden. Frauen müssen genau jetzt besonders aufpassen, nicht aus der Sichtbarkeit zu fallen, sozusagen im toten Winkel zu verschwinden«, meint sie. »Wenn Frauen jetzt im Homeoffice, Homeschooling und hinter der Maske in systemrelevanten Berufen verschwinden, werden sie in die Unsichtbarkeit gedrängt. Krisenmanagement, Stabilisierung, Wiederaufbau, all das passiert jetzt zu Hause und hinter den Bildschirmen. Karriere aber wird woanders gemacht: in den Büros, beim Netzwerken, im Boardroom. Gerade jetzt müssen wir sehr wachsam sein, um nicht in das tradierte Muster der Trümmerfrauen zurückzufallen. Und genau jetzt sind starke Netzwerke besonders wichtig«, analysiert Hanusch-Linser. Ihr langjähriges wissenschaftliches Engagement unter anderem als Gründungsmitglied des Universitätslehrgangs für Informations- und Medienrecht an der juridischen Fakultät der Universität Wien schwingt in ihren Antworten deutlich mit. Präzision, Analyse, Selbstreflexion, am Punkt sein, das zeichnet sie aus und das prägt auch dieses Gespräch, das jenseits von Persönlichem sehr schnell eine andere, abstraktere Ebene findet.

Die Marken- und Kommunikationsexpertin war zwanzig Jahre in Top-Management-Positionen im Medien- und Verlagsmanagement, bevor sie als Kommunikationschefin den Imagewandel der ÖBB steuerte. Dort war sie auch Konzernsprecherin und saß im Aufsichtsrat der Personenverkehr AG und der Immobilienmanagement GmbH. Nach sieben passionierten Jahren kehrte sie der Konzernkarriere den Rücken, um sich radikal neu zu erfinden. »Veränderung ist mein Antrieb. Paradoxerweise sind mit zunehmendem Erfolg immer mein Energie-Level gesunken und meine Unruhe gewachsen. Wenn man hart für die Spitze gearbeitet hat, wäre genau dann doch eigentlich der Moment, wo man sich ein wenig zurücklehnen könnte. Man ist angekommen, hat seine Meriten erworben, Stellung, Status, Gehalt, Dienstauto usw. und könnte jetzt einmal das Erreichte so richtig genießen. Das ist mir leider nie gelungen. Mit der Routine ist es zwar oft technisch leichter geworden – man kennt ja die Würmer im Apfel schon –, aber energetisch ist es für mich anstrengender geworden. In meiner neuen Selbstständigkeit bin ich eigentlich sehr schnell und sehr glücklich angekommen. Die Energie stimmt wieder. Wo ich davor gegen etwas ankämpfen musste, kämpfe ich jetzt positiv für etwas: für eine Idee, ein Konzept, eine Lösung – und das mit Kunden, die ich mir aussuchen kann und mit denen es tagtäglich Freude macht, konstruktive Arbeit zu leisten.«

VERÄNDERUNG ALS ANTRIEB

Wenn Hanusch-Linser von ihrem beruflichen Werdegang erzählt, verwundert es fast, dass sie als junge Frau in ihren Zwanzigern keine klar definierten Karriereziele verfolgte wie viele andere. »Ich hatte kein eindeutiges Bild von meinem Beruf und meinem Privatleben. Was ich aber hatte, war die Idee von Bewegung und Energie, die etwas zum Guten vorantreiben kann. Mein Talent lag offenbar im Problemlösen und Kommunizieren, was sich schnell als die zwei wichtigsten Voraussetzungen für eine Managementkarriere herausstellte. Mit sechsundzwanzig war ich dann auch Geschäftsführerin eines sanierungsbedürftigen Unternehmens und schaffte in nur zwei Jahren den Turnaround. Und ich hatte ein Meta-Ziel: mit vierzig »nicht mehr des Geldes und Lebensunterhalts wegen arbeiten zu müssen, sondern nur mehr sinnstiftend, aus Freude und Überzeugung heraus.« Also gründete sie mit zweiunddreißig Jahren ein Start-Up, das sie gut verkaufen konnte, was ihr große Freiheit ermöglichte. »Ich habe immer sehr viel und zielgerichtet gearbeitet. Das mache ich heute noch, aber es steckt eine ganz andere Motivation dahinter. Jetzt stelle ich mir jeden Tag ganz bewusst die Frage: Will ich das machen? Macht es Sinn? Mach ich's gern? Und: Mache ich es mit und für Menschen, die ich mag?« Und wenn sie diese Fragen nicht mehr positiv beantworten kann? »Dann lasse ich gerne mal den einen oder anderen Auftrag ausfallen.« Ein Privileg der Freiheit und Gelassenheit, das für Hanusch-Linser die eigentliche Definition von Karriere ist.

Nicht zufällig begegnen ihr in ihrer jetzigen Tätigkeit sehr oft Frauen, die das Gefühl plagt, ihre Ziele trotz enormer Anstrengung nicht erreicht zu haben und die mit Blick auf ihren Fünfziger in eine berufliche Sinnkrise verfallen. Der gesunde Verdacht, dass »schneller, höher, weiter« sich genau in diesem Lebensabschnitt rächt und den Blick für »langsamer, tiefer, besser« vernebelt, wird bei vielen Frauen leider als Versagenskrise interpretiert. Dabei ist genau das Fünfziger-Jahrzehnt eines, auf das man sich als Frau besonders freuen kann und auch gut vorbereiten sollte. Wenn Frauen aber stattdessen mehr Energie in den Erhalt ihrer Jugend und das Festhalten an alten Mustern investieren, dann geht die Geschichte selten gut aus. »Ich bin eine, die immer nach vorne schaut. Meine Erfahrung lehrt mich, dass wir Probleme von morgen nicht mit Mitteln von gestern lösen werden. Und wenn wir Frauen in diesem so wertvollen Lebensabschnitt noch immer über die gläserne Decke jammern, anstatt das Fenster endlich aufzustoßen, um frische Luft hereinzulassen, dann werde ich radikal abgrenzend und verweigere mittlerweile die Debatte. Mich interessieren Menschen und Frauen insbesondere, wenn sie es schaffen, sich nochmal komplett zu drehen, wenn sie mutig sind und etwas Neues machen, wenn das Alte nicht mehr passt.«

GENAU HINSEHEN, WENN ES UM GLEICHBERECHTIGUNG GEHT

Schwer tut sich Hanusch-Linser im Übrigen auch mit dem Aufwiegen von »Karrierefrauen« ohne Kinder und Frauen, die wegen ihrer Kinder einen anderen Karriereverlauf hatten, als sie sich diesen als junge Frauen ausgemalt hatten. »Die Entscheidung, Mutter zu sein und Kinder aufzuziehen, ist auch eine Entscheidung für einen Job. Das ist eine Riesenaufgabe, vor der ich auch als Nicht-Mutter enormen Respekt habe. Kind und Karriere sind jedenfalls vereinbar, aber es muss Frau und Gesellschaft klar sein, dass der Preis hoch ist und das Investment nicht von den Frauen allein gestemmt werden kann. Beides sind harte Jobs und es muss erlaubt sein, sich auch nur für einen davon zu entscheiden, ohne Rechtfertigungszwang wem auch immer gegenüber«, ist sie überzeugt. »Aus meinem eigenen Leben kann ich Ihnen sagen, das ist nicht unbedingt ungerecht und damit muss man auch nicht hadern. Ich habe keine Kinder, ich habe mich nicht dagegen entschieden, sondern es hat sich nicht ergeben. Der Weg, den man geht, ist immer eine Entscheidung für etwas und gegen etwas anderes. So gesehen gibt es auch keinen Verzicht, über den man im Nachhinein jammern kann.«

Kristin Hanusch-Linser fand den Mann ihres Lebens mit Ende zwanzig, heiratete, als sie dreißig war, und empfindet es als großes Glück und Privileg, den Menschen gefunden zu haben, mit dem sie wirklich ihr Leben verbringen will, mit dem sie ganz tief verbunden sein kann und seit so vielen Jahren ist. Wie mit Beziehungen müsse man aber auch mit sich selbst ehrlich umgehen, auch wenn die Wahrheit nicht immer bequem sei. »Auch wenn es um die Gleichberechtigung zwischen Frauen und Männern geht, glaube ich, dass wir uns oft einmal auf die Rahmenbedingungen ausreden, weil das einfach bequemer ist. Mich persönlich ärgert der Begriff der gläsernen Decke. Als Führungskraft habe ich nicht selten erlebt, dass mehr Männer als Frauen davon betroffen sind. Insbesondere die Generation der dreißigjährigen Männer ist ein wenig lost-in-translation. Weil der Druck aufgrund der gewünschten Erhöhung des Frauenanteils in der Wirtschaft steigt, haben sie oft das Nachsehen.« Frauen hätten es sich in puncto Gleichberechtigung auch manchmal ein bisschen zu leicht gemacht, meint sie durchaus selbstkritisch: »Wir Frauen sind da durchaus ambivalent unterwegs. Wir wollen gleiche Chancen und gleiches Recht in der Karriereplanung, sind aber oft zu bequem, um die Risken und Mühen einer Karriere miteinzupreisen. Wie oft habe ich erlebt, dass ich Frauen bewusst für den nächsten Schritt gefördert habe und ich dann am Ende doch eine Absage bekommen habe. Lieber in der zweiten Reihe bleiben und davon träumen, wie es in der ersten wäre. Karriere ist eben auch anstrengend und streckenweise ganz und gar nicht angenehm und das wollen viele einfach nicht oder trauen es sich nicht zu.«

Also könnte unsere Frauengeneration in puncto Gleichberechtigung schon viel weiter sein, wenn sie sich anders verhielte? Nein, so will Hanusch-Linser ihre Anmerkungen nicht verstanden wissen: »In meinen jungen Jahren war ich oft der übermütigen Ansicht, wir hätten's geschafft, uns stünde die Welt genauso offen wie den Männern. Aber auch ich habe erlebt, dass wir jungen Frauen durch damals gleichaltrige Männer vom Sockel gestoßen wurden. Inzwischen ist es ja sogar schick geworden, Frauen in Führungspositionen zu setzen, im Auftrag der Diversität. Aber dieses ganze Bild ist auch trügerisch, da müssen wir sehr genau hinsehen. Wenn wir nicht unsere Stimme erheben und wenn unsere Generation da nicht auch der jüngeren Frauengeneration gezielt hilft, dann wird das nach dieser Krise böse ausgehen. Die Vierzig-, Fünfzigjährigen sind jetzt ganz besonders gefordert, den Dreißig-, Vierzigjährigen zu helfen, wenn wir nicht einen Rückschlag erleben wollen.«

Gerade in puncto netzwerken hätten Frauen noch viel aufzuholen, ist sie sich sicher und zugleich enttäuscht, was aus so manchen Frauennetzwerken mit der Zeit geworden ist. »Ich habe selbst vier Frauennetzwerke gegründet und musste immer wieder feststellen, dass die Entwicklung zum Beliebigkeitsnetzwerk den ursprünglichen Zweck der gegenseitigen Stärkung überrollt hat. Männer netzwerken anders: Sie haben ein Anliegen, ein Ziel und gehen mit einem Ergebnis nach Hause. Frauen treffen sich, tauschen sich kurz aus und gehen schnell wieder nach Hause, ohne spezifisches Ergebnis.« Sie selbst hat sich aus den Netzwerken schon länger weitgehend zurückgezogen, weil »Ziel und Ergebnis austauschbar und unspezifisch sind. Kleinere, tiefer gehende Formate bringen mehr«, findet sie.

Außerdem gäbe es Entscheidungen, die passten für dreißigjährige Frauen, und andere Entscheidungen, die passten besser für fünfzigjährige Frauen.« Inwiefern? »Als junge Frau bestimmt einen mehr das Fremdbild als das Selbstbild, das noch gefunden werden muss. Man will entsprechen und hat Vorstellungen, wie und wer man sein sollte. Je älter man wird, desto stärker übernimmt das Selbstbild die Steuerung, und das ist gut so.« Aber wann merkt man, dass das Selbstbild steuert? Das hat auch mit Sichtbarkeit zu tun: »Wer nicht sichtbar ist, kann auch nicht entdeckt werden. Später habe ich herausgefunden, dass man nicht auffällt, wenn man die beste Arbeit leistet, sondern wenn man am besten ins System passt, also unauffällig auffällt. Das ist schon sehr viel schwieriger. Das wahre Erweckungserlebnis hatte ich auch erst spät, in der Erkenntnis, dass es viel mehr

Spaß macht, nicht ins System passen zu wollen, und man dabei auch viel mehr bewegen kann.«

Mit Sprüchen à la »fünfzig ist das neue dreißig« kann Kristin Hanusch-Linser absolut nichts anfangen, im Gegenteil, sie ärgern sie, genauso wie gewisse Mechanismen, die ihrer Meinung nach Frauen ab einem gewissen Alter, eben rund um die fünfzig, an den gesellschaftlichen Rand stellen würden. »Ich glaube an das Naturgesetz der Anziehung, the Law of Attraction: Gleiches zieht Gleiches an. In unseren Dreißigern werden wir von Themen angezogen, die uns in unseren Dreißigern eben entsprechen. In unseren Vierzigern geht es oft um die Performance Karriere. Aber in unseren Fünfzigern wird es schwieriger, da zieht nichts mehr, da fehlen uns eben auch die Vorbilder und attraktiven Bilder. Das erklärt ja auch diese magische Zielgruppe der Zwanzig- bis, sagen wir, Vierzigjährigen in der Werbung: Werbung, aber auch Medien zielen auf diese Altersgruppe ab, aber kaum mehr darüber hinaus. Und wir Frauen spielen geduldig mit. Ziehen uns an wie Dreißigjährige, versuchen cool und total sozial-digital zu sein, dabei stehen wir eigentlich längst woanders und hoffentlich darüber. Besonders befremdlich finde ich dann, wenn fünfzigjährige Frauen Frauenmagazine für Dreißigjährige machen und Fotos posten, auf denen sie aussehen wie zwanzig.«

Was sich bei ihr sonst verändert hat in den letzten zwanzig Jahren? Darüber ist sich die Kommunikationsexpertin ganz klar: »Also erstens das Zeitempfinden. Zweitens die Veränderung selbst. Und drittens mein Zugang zur Ästhetik.« Also der Reihe nach – wie ist das gemeint mit dem Zeitempfinden? »Mein Umgang mit der Zeit hat sich sehr verändert. Ab fünfzig gilt: Es ist Zeit! Zeit für uns Frauen, Verantwortung für uns selbst und für unsere Wirkungskraft zu übernehmen. Zeit ist eine Maßeinheit der Endlichkeit, und deswegen bin ich auch sehr ungeduldig geworden, ja fast wütend werde ich mit Zeiträubern. Jeder, der mir meine Zeit raubt, der macht sich schuldig«, sagt sie und lacht. »Ja, da bin ich viel härter geworden als früher. Andererseits bedeutet Älterwerden ja auch, mehr Zeit geschenkt zu bekommen. Das ist allein der statistischen Tatsache geschuldet, dass wir immer älter werden. Aber wir haben auch eine Verantwortung, mit dieser geschenkten Mehr-Zeit gut und sinnvoll umzugehen.« Und im Übrigen sei »Die Zeit« schon immer ihre Lieblingszeitung gewesen, schmunzelt sie.

Zweitens Veränderung. War ihr das nicht schon immer sehr wichtig? »Ja, das ist mein Lebensmotto, mein Antrieb. Transformation ist ja auch mein Geschäftsmodell: Ich unterstütze Menschen, Marken und Unternehmen dabei sich zu verändern.« Menschen und Organisationen können und müssen sich immer wieder verändern, neu erfinden und anpassen, wenn sie lange leben und überleben wollen – auch so ein Naturgesetz.

Und schließlich Ästhetik. »Da muss ich jetzt ein wenig philosophisch werden. Mein berufliches Begleitthema ist ja Marke und Positionierung. Ästhetik ist ein Shortcut, also eine Abkürzung für unser denkfaules Gehirn, um die Realität schneller zu erfassen und zu sortieren. Ästhetik macht es einfacher für uns Menschen, ohne Decodierungsanstrengung zu verstehen. Wenn wir uns also bemühen, Schönheit zu fördern und auf Ästhetik zu achten, dann helfen wir anderen und uns selbst bei der Orientierung. Für mich ist daher ein ordentliches Auftreten eine Botschaft der Wertschätzung und Höflichkeit anderen gegenüber. Und ich bin fest davon überzeugt, dass eine gut aufgebaute Marke entscheidend dafür ist, wie wir anderen und der Welt gegenüber respektvoll entgegentreten wollen. Auch die Ästhetik der Gedanken, der Sprache, der Worte ist mir über die Jahre immer wichtiger geworden.«

Und natürlich bemerke sie auch sonst eine Menge Veränderungen an sich selbst. »Eine Alterserscheinung von mir«, lacht sie, »ist, dass ich schneller wütender, ärgerlicher werde und das auch artikuliere. Zum Beispiel wenn mir jemand die Zeit stiehlt oder wenn ich Zeugin oder Opfer einer lausigen Customer Experience werde.« Und dass sie jetzt wesentlich mehr Zeit bei Shiatsu, Yoga und Massage als beim Netzwerken auf hippen Veranstaltungen verbringe. »Früher habe ich vielleicht einen Gin Tonic oder eine Bloody Mary zur Entspannung getrunken, jetzt greife ich eher zum Kurkuma-Ingwer-Shot«, schmunzelt sie über sich selbst.

ANGELA MERKEL ALS VERÄNDERUNGSMOMENT IN DER GESCHICHTE

Was Kristin Hanusch-Linser sagt, klingt immer durchdacht, klingt immer sehr selbstbewusst und zugleich reflektiert. Eine starke Frau, die genau weiß, was sie will und was sie akzeptiert und was nicht mehr. Gibt es da andere Frauen, die sie beeindrucken oder an denen sie sich orientiert? »Richtige Vorbilder hatte ich nie. Aber es gibt schon viele Frauen, die ich sehr bewundere. Als Managerin Julia Jäkel, CEO von Gruner & Jahr, weil sie das Spiel der Männer nicht mitspielt. Im Kulturbereich finde ich Maria Furtwängler-Burda spannend, weil sie ihre soziale Stellung nutzt, um ihre

Stimme zu sozialen Themen zu erheben, Michelle Obama, weil sie am selben Tag und im selben Jahr wie ich geboren ist und ich ihre Veränderungsenergie grandios finde, und Angela Merkel. Sie ist für mich so ein Veränderungsmoment in der Geschichte: erste weibliche deutsche Bundeskanzlerin, absolut krisenfest, Macht und Marke perfekt eingesetzt, um Stabilität in instabilen Zeiten zu steuern. Und dann gibt es noch eine«, fügt sie hinzu, »die mich sehr fasziniert. Eine großartige Frau. Eine Marke. Eine Schönheit: Iris Apfel, sie entspricht mit ihren neunzig genau dem, was ich mit Ästhetik meine: eine Modesprache der Freude und des Respekts, diszipliniert, konsequent und kohärent inszeniert, ein Leben lang.«

Sabine Gruber
Die ungleiche Bezahlung ärgert mich masslos

Das Schreiben ist ihr Lebensinhalt und ihr Lebenselixier, auch in schwierigen Zeiten. Und deren hat die Schriftstellerin Sabine Gruber in ihrem Leben leider schon einige durchleben müssen. Nierentransplantation als junge Frau, Verlust ihres Lebenspartners. Aber die Schriftstellerei ist ihr Anker und immer ihre Passion geblieben. Als Tochter deutschsprachiger Eltern in Südtirol geboren und aufgewachsen, veröffentlichte sie schon während ihres Studiums erste literarische Texte. Mehrere Romane, Gedichtbände, Hörspiele und viele andere literarische Werke bescherten der Schriftstellerin, die nach ihrem Studium der Germanistik, Geschichte und Politikwissenschaft in Wien und Innsbruck zunächst als Universitätslektorin in Venedig arbeitete, schon bald zahlreiche Preise und Auszeichnungen. Seit den 1990er-Jahren lebt Sabine Gruber in Wien und widmet sich vollends dem Schreiben. Deshalb wollten wir ihr auch für unser Buch das Schreiben überlassen, was sie übrigens als wesentlich angenehmer empfand, als für ein über sie geschriebenes Porträt interviewt zu werden. Also bekam Sabine Gruber einige Fragen und ihr Porträt eine andere Form als die meisten anderen …

Erinnern Sie sich noch an Ihr Lebensfeeling als dreißigjährige Frau?
Mit dreißig kam ich aufgrund einer chronischen, irreversiblen Nierenerkrankung, die mit neunzehn festgestellt worden war, an die künstliche Niere. Mein Weiterleben war abhängig von einer Maschine, welche das Blut

reinigte. Ich rechnete mit dem Schlimmsten, auch damit, zu sterben. Ich war gerade erst aus Venedig zurückgekehrt, hatte dort nach dem Studium von 1988 bis 1992 an der Uni deutsche Sprache und Literatur unterrichtet. Es waren vor allem medizinische Gründe, warum ich 1992 Italien verließ und nach Österreich zurückkehrte; ich fühlte mich in Wien medizinisch besser versorgt, hoffte, in Österreich weniger lang auf ein Transplantationsorgan warten zu müssen. Es war eine schwierige Zeit für mich, weil ich in Österreich neu anfangen musste. Die Kolleginnen, die nach dem Studium in der Stadt geblieben waren, hatten inzwischen einen Job oder sich als Journalistinnen und Dichterinnen zu etablieren begonnen, ich fing bei null an, war schwer krank und ohne finanzielle Mittel.

Was hat sich in Ihrem Selbstbild in den vergangenen zwanzig Jahren verändert?

Mit der Transplantation im April 1994 – meine Mutter spendete mir eine Niere – begann für mich so etwas wie Normalität. Denn zwischen neunzehn und dreißig war ich vor allem damit beschäftigt gewesen, das endgültige Nierenversagen durch Diät und mit Medikamenten hinauszuzögern.

Ich fasste wieder Lebensvertrauen, lebte lustbetont, frei, zwar sehr bescheiden, aber finanziell unabhängig von meinen jeweiligen Partnern. Eigentlich war das immer mein Vorsatz gewesen, Abhängigkeiten jeglicher Art zu vermeiden – das hat mir und meiner Schwester unsere Mutter mit auf den Weg gegeben, obwohl sie und mein Vater eine gute Ehe geführt haben. Nach außen wirke ich sehr stark und selbstbewusst, war aber – wohl aufgrund meiner Herkunft und meiner körperlichen Probleme – lange unsicher und voller Zweifel; das hat sich mit zunehmendem Alter und mit dem einsetzenden beruflichen Erfolg gebessert.

Dachten Sie als junge Frau, dass es in Ihrer Generation noch einen Unterschied macht, ob man eine Frau oder ein Mann ist?

Ich war in den 1980er-Jahren Mitbegründerin des Interdisziplinären Frauenforschungsseminars an der Uni Innsbruck, hab 1986 den Frauen-Skolast (Zeitschrift der Südtiroler Hochschülerschaft) mitherausgegeben, 1989 die ersten Frauenliteraturtage in Lana bei Meran organisiert (mit Sigrid Weigel, Herta Müller u. a.) usw. Es war mir damals ein Anliegen, Frauen sichtbarer zu machen, weibliche Kulturleistungen hervorzuheben – die Lücken waren riesig. 1974 hatte noch knapp mehr als die Hälfte der Südtiroler Bevölkerung beim staatlichen Referendum gegen die Ehescheidung gestimmt, 1981, beim Referendum gegen die Abtreibung, war Südtirol mit 54,6 Prozent der Stimmen die einzige Region Italiens, die den Schwangerschaftsabbruch auf die medizinische Indikation beschränken wollte – entsprechend sah die Politik jener Jahre aus. Konservative, katholische Familienpolitiker forcierten geschlechtsspezifische Bildungswege. Man teilte den Frauen den familiär-reproduktionsbezogenen Bereich zu und tat alles, um ihnen den Zugang zu bestimmten gesellschaftlichen Positionen zu erschweren. Die Südtiroler Literaturszene jener Jahre spiegelte diese Verhältnisse wider. 1970 waren in der »repräsentativen« Südtirol-Anthologie Texte von dreiundzwanzig Männern und einer Frau abgedruckt, dreizehn Jahre später war es nicht viel besser.

Mein Großvater väterlicherseits fand noch, dass mein Studium sinnlos sei, weil Frauen sowieso heirateten und unterstützte daher nur meinen Cousin – der das Studium nie abgeschlossen hat. Ich bin die erste und einzige Akademikerin in meiner Familie, hab in den Sommermonaten durchgearbeitet, um mir das Studium leisten zu können. Die elterliche Unterstützung wäre zu gering gewesen. Heute ist das politische Voraussetzungssystem ein anderes, aber der Zugang zu Bildung noch immer nicht für alle gleich.

Ich bin gerne eine Frau, aber ich wünschte, ich könnte manchmal leben wie ein Mann. Vieles wäre einfacher. Unlängst war ich aus beruflichen Gründen in Genua, hab in der Altstadt eine Wohnung angemietet und erst dort gemerkt, dass die Gegend nachts unsicher ist. Ich hab also geschaut, dass ich vor Einbruch der Nacht in der Wohnung bin – solche Gedanken muss man sich als Mann nicht machen.

Mussten Sie als Frau mehr leisten als ein Mann, um gleich weit zu kommen?

Ich hab in allen Partnerschaften mehr Zeit in den Haushalt oder in die Instandhaltung der Wohnung gesteckt, auch meistens mehr Zeit in die Pflege von Freundschaften »investiert« als mein jeweiliger Mann – diese Stunden fehlen am Ende des Tages, am Ende eines Lebens. Und ich erfuhr, dass (nur ein Beispiel unter zahlreichen dieser Art) meinen Südtiroler Dichter-Kollegen während meiner Studienzeit in Innsbruck selbstverständlich Literaturbeihilfen gewährt wurden, während ich vom damaligen Kulturbeamten Prior mit dem Satz: »Sie werden eh Lehrerin, dann haben'S viel Zeit zum Schreiben!« aus dem Büro geworfen wurde. – Es war dann genau umgekehrt, die Kollegen wurden Lehrer ...

Warum dauert das so lange mit der Gleichberechtigung zwischen den Geschlechtern?

Wer räumt schon gerne eine bequeme Machtposition? Große gesellschaftliche Veränderungen sind oft blutig verlaufen, sie wurden mit Revolutionen und Straßenkämpfen gewaltsam ausgefochten. Alles andere dauert, ist ein langwieriger Verhandlungsprozess. Ich halte die ewigen Debatten um gendergerechte Schreibweisen inzwischen für kontraproduktiv. Schon 1989 hab ich Luise Pusch mit ihrem Buch »Das Deutsche als Männersprache« nach Südtirol eingeladen. Was hat sich verändert? Viel zu wenig. Ich bin für radikale politische Gleichstellungsmaßnahmen: gleicher Lohn, gleiche Rechte und Pflichten.

Wenn Sie zurückblicken: Entspricht Ihr Leben den Vorstellungen und Wünschen, die Sie als junge Frau für Ihr Leben hatten?

Ja, ich kann sagen, ich habe erreicht, was ich erreichen wollte. Ich habe erkämpft, was ich mir erträumt habe: Freiheit, Unabhängigkeit, ein Leben als freiberufliche Schriftstellerin. Ich kann mir nichts Schöneres vorstellen. Trotz vieler Schicksalsschläge betrachte ich mich als glücklichen Menschen. Ich hätte gerne noch ein Kind gehabt, aber erst war ich krank und konnte nicht, nach erfolgreicher Transplantation hatte ich dann einen Partner, der nicht zeugungsfähig war, ihn deswegen zu verlassen, kam für mich nicht infrage.

Gibt es Dinge, die Sie beruflich nicht erreichen konnten?

Ich wäre gerne aus Recherche-Gründen in Gebiete gereist, in die ich aus gesundheitlichen Gründen und als Frau allein nicht reisen kann, ohne mich einer größeren Gefahr auszusetzen. Und ich hätte mich auf meinen Reisen, auch nach Lesungen, oft gerne nachts allein an eine Bar gesetzt, ohne ständig angequatscht zu werden. Überhaupt bin ich ein Nachtmensch, aber in Städten wie Teheran und Kairo hätte ich mich nie getraut, allein loszuziehen. Das ist auch in manchen Gegenden in europäischen Städten nicht ungefährlich.

Und was waren privat die prägendsten Ereignisse und Veränderungen in den letzten zwanzig Jahren?

Zu den Zäsuren gehören der plötzliche Tod meines Lebensgefährten Karl-Heinz Ströhle im August 2016 und der Tod meines geliebten Vaters Ende 2019. Beide waren besondere Menschen, die mein Leben bereichert und stabilisiert haben. Da mein Lebensgefährte und ich nicht verheiratet waren und sein Testament einen Formfehler aufwies, konnte ich die von ihm formulierten Wünsche nicht erfüllen. Das war sehr schmerzhaft, doch ich versuche es jetzt als Befreiung zu sehen. Sein künstlerischer Nachlass wurde mir von den rechtlichen Erben entzogen, so kann ich mich jetzt aber auf mein eigenes Werk konzentrieren.

Wie gehen Sie mit dem Älterwerden um? Stresst Sie das?
Es ist nicht schön, dem eigenen Verfall beizuwohnen. Aber ich habe ganz andere Probleme, weiß nicht, wie lange Mamas inzwischen fast achtzigjährige Niere in meinem Körper noch durchhält – dagegen sind zusätzliche Falten oder Altersflecken peanuts.

Mögen Sie die Klassifizierung »50plus«?
Sie entspricht der Wahrheit. Aber abgesehen davon, sind mir Klassifizierungen egal.

Als Südtirolerin sind Sie in Italien und Österreich zu Hause – inwiefern werden Frauen Ihres Alters in diesen Ländern anders behandelt? Gibt es andere Erwartungshaltungen, Rollenbilder, Schönheitsideale …?
Ich lebe seit 1992 in Wien, meine Aufenthalte in Italien sind zu kurz, um das beurteilen zu können. Es ist eine oberflächliche Wahrnehmung, die ich jetzt formuliere, doch habe ich in Italien immer das Gefühl, als Frau (mit meinem beruflichen Hintergrund und meinem Auftreten) wahrgenommen und respektiert zu werden. Komplimente werden auf eine charmante Art formuliert, selten ordinär. Und ich bin jedes Mal fasziniert, auf wie viele gepflegte, schöne alte Frauen ich treffe, als feierten sie das Leben als Fest. Das Phänomen ist nicht auf die Oberschicht begrenzt.

Auf der anderen Seite gibt es die verheerenden Auswirkungen der Berlusconi-Fernsehanstalten, darauf hab ich auch in meinem Roman »Über Nacht« Bezug genommen. Die »Veline«, wie die leicht bekleideten jungen Frauen heißen, werden in Fernsehshows zur Dekoration aus Fleisch reduziert, sie werden als schwach, unfähig und ersetzbar wahrgenommen. Interessanterweise folgte dieses Starlet-Phänomen unmittelbar auf die Frauenbewegung der 1970er-Jahre, die das Abtreibungs- und Scheidungsrecht italienweit durchgesetzt hatte. Doch blieb die ersehnte Chancengleichheit vor allem in der Arbeitswelt aus. Die »Veline« sind gewissermaßen auch ein Produkt der Frustration und natürlich ein Produkt des italienischen, katholisch geprägten Familismus, der es Frauen erschwert, ihren eigenen Fähigkeiten und Vorstellungen zu folgen. Die ökonomische Situation des Landes sorgt dafür, dass es noch schwieriger wird, sich von Männern oder Familien unabhängig zu entwickeln.

Wie werden Ihrer Meinung nach Frauen ab fünfzig in unserer Gesellschaft wahrgenommen, eingeordnet? Und inwiefern gibt es da einen Unterschied zu gleichaltrigen Männern?
Es heißt doch immer, dass Frauen über fünfzig kaum noch eine Chance haben, einen Mann abzukriegen. Meiner Beobachtung nach sind plötzlich verwitwete Männer tatsächlich viel schneller eine neue Bindung eingegangen als gleichaltrige verwitwete Frauen. Das lag bei den Frauen nicht unbedingt an den fehlenden Möglichkeiten, sondern an ihren Ansprüchen. Zumindest im akademischen Umfeld brauchen Frauen keine Versorger mehr, wollen sich auch keine zusätzliche Arbeit mehr aufhalsen, leben ein selbstständiges, erfülltes Leben. Die Verwahrlosungstendenz ist hingegen bei alleinstehenden Männern ungleich höher.

Und dann gibt es die Männer, die ihre Ehefrauen nach getaner Familienarbeit durch jüngere Frauen oder Geliebte ersetzen – ein Stereotyp. Das sieht alles so toll aus für die Männer, aber wer einige von ihnen besser kennt, weiß: Sie stehen unter Dauerdruck, haben längst altersbedingte Potenzprobleme und sehnen sich nach Ruhe. Stattdessen müssen sie dann auf Inlineskates ihren jungen Geliebten hinterherhecheln oder nachts ein schreiendes Baby in den Schlaf wiegen.

Gibt es etwas, das Sie zornig macht, wenn es um gesellschaftliche Rangordnungen zwischen Geschlechtern oder Alter geht?
Die ungleiche Bezahlung ärgert mich maßlos, sie ist auch im Kulturbetrieb nicht auszurotten. Das Problem ist aber auch, dass wir Frauen zu wenig selbstbewusst auftreten und zu bescheidene Forderungen stellen.

Wie wünschen Sie sich, von anderen wahrgenommen zu werden?
Ich muss mir selbst gefallen. Ich denke auch beim Schreiben nicht ans Publikum, sondern realisiere meine Vorstellungen.

Im Gymnasium hatte ich mal eine Phase, in der ich Hosen, Hemden und eine Krawatte trug, während des Studiums gefielen mir auch rot lackierte Nägel und zuweilen kürzere Röcke, das passte nicht ins Lila-Latzhosen-Bild meines damaligen, feministischen Umfelds und ich eckte an.

Ich war geprägt von dem Erscheinungsbild italienischer Intellektueller auf den jährlichen kommunistischen Sommerfesten, den »Feste dell'Unitá«, erinnere mich an Auftritte der feministischen Schriftstellerin Rossana Rossanda, die »Il Manifesto« mitbegründet hatte, an ihre außerordentliche Eleganz, aber auch an weniger bekannte italienische Feministinnen, die schicke Kostüme und Frisuren trugen. Ich sah darin keine Anbiederung an ein traditionelles Rollenbild, sondern schlichtweg Schönheit, ästhetisches Empfinden, das die Brisanz der Aussagen keinesfalls minimierte, sondern in meinen Augen verstärkte.

Welche Lebensziele und Wünsche sind noch offen?
Ich möchte noch ein paar Bücher schreiben und reisen. Vor einigen Jahren habe ich begonnen, mir ein- bis zweimal im Jahr für drei bis vier Wochen in einer jeweils anderen Stadt oder auf einer Insel eine Wohnung zu mieten, Ort und Umgebung für mich zu entdecken. So war ich länger in Palermo, auf Lampedusa, in Genua ... Dieses Projekt möchte ich fortsetzen.

Und was wünschen Sie sich für die nächste Frauengeneration?
Ich hoffe inständig, dass die Entgeltlücke zwischen den Geschlechtern geschlossen wird. Und möge auch die nächste Frauengeneration alles daransetzen, sich ein Leben ohne Abhängigkeiten aufzubauen, dafür lohnt es sich, politisch aktiv zu bleiben oder zu werden und in Partnerschaften oder Ehen zu kämpfen.

MANUELA KRINGS-FISCHER
NOCH EINMAL SO RICHTIG DURCHSTARTEN

Fünf Tage auf der Hütte in Obertauern, zwei Tage beim Donaubräu in Wien, dazwischen Geburtstagsfeste organisieren, bei Hausübungen helfen, zuhören und alles, was vier Kinder eben als Unterstützung von einer Mama brauchen – das war für Manuela Krings-Fischer ein normales Arbeitspensum, bevor Corona auch ihr Leben ordentlich durcheinanderbrachte. »Ich bin von hundert Prozent Businessfrau zu hundert Prozent Mama, Putzfrau und Köchin geworden«, erzählt sie von der Vollbremsung, die die Pandemie ihr verordnet hat. »Natürlich war ich diese zehn Wochen des ersten Lockdowns dann nur zu Hause, habe mich um Homeschooling und um meine Familie gekümmert. Mit vier Kindern gibt es da auch genug zu tun«, lacht sie, »aber wir mussten uns zum Glück nie existenzielle Sorgen machen, diesbezüglich waren wir entspannt. Und mir ist in der ersten Corona-Zeit schon auch einiges klarer geworden. So ist mir zum Beispiel das Shoppen gar nicht abgegangen. Zuvor war ich immer gern in der Stadt. Wenn ich von Obertauern gekommen bin, bin ich bummeln gegangen und hab mir was gegönnt. Und plötzlich ist mir das überhaupt nicht abgegangen«, erzählt die umtriebige Gastronomin, als wir uns im Sommer 2020 treffen – zu einer Zeit, als das Leben fast wieder normal scheint, sich Manuela schon intensiv und voller Hoffnung auf die neue Saison auf ihrer Schihütte vorbereitet und es genießt, dass sie wieder Freunde treffen und unterwegs sein kann. Die wirkliche Vollbremsung sollte erst kommen, aber bei unserem Gespräch im ersten Pandemie-Sommer ist sie voller Zuversicht, dass sich das Leben bald wieder einpendelt. »Wenn man etwas wirklich will, dann kann man es auch schaffen«, das ist schließlich ihr Motto.

Manuela Krings-Fischer wuchs in einem Gastronomie- und Tourismus-betrieb auf. Schon als Kind erlebte sie, wieviel Arbeit und Engagement ihre Eltern de facto rund um die Uhr und ohne geregelte Arbeitszeiten oder gar freie Wochenenden in ihren Familienbetrieb, der von Skilift bis Hotel reichte, investierten. Abgeschreckt hat sie das aber nie. »Ich war eigentlich von Kind an immer sehr gerne in der Gastronomie und ich glaube, mein Vater hat schon recht früh erkannt, dass ich einmal eine gute Gastgeberin werden kann. Als ich zwölf Jahre alt war, habe ich in der Schule einmal einen Aufsatz geschrieben, dass ich gerne die Präsidentin des Tourismusver-bandes werden möchte«, erinnert sie sich. Dabei gab es auch einmal einen ganz anderen Berufswunsch: »Dazwischen wollte ich aber auch einmal Schauspielerin oder Moderatorin werden, das fand mein Papa damals nicht so toll. Er meinte, ich solle jetzt einmal die Matura machen und danach könne ich selbst entscheiden. Allerdings hat er mich dann in eine Schule geschickt, die schon ein bisschen touristische Weichen stellte. Ich wollte dann nach der Matura aber immer noch die Aufnahmeprüfung für das Reinhardseminar versuchen, aber der Papa hatte schon etwas anderes für mich gefunden, den Universitätslehrgang für Tourismus und Manage-ment. Und das fand ich auch sehr spannend und dann bin ich dorthin«, erzählt sie, fügt aber auch gleich hinzu: »Also, es war jetzt nicht so, dass die Schauspielerei mein absoluter Lebenstraum war, weil dann hätte ich das schon durchgeboxt zu Hause.« Und so absolvierte sie diesen Unilehrgang und sammelte in Hotel- und Gastronomiebetrieben im In- und Ausland erste Erfahrungen. »Ich war genau fünfundzwanzig Jahre alt, als meine Eltern nach langem Warten endlich die Genehmigung bekamen, ein Hotel umzubauen, das sie dem Alpenverein Jahre zuvor abgekauft hatten. Ich habe damals gerade im Arlberg Hospiz-Hotel in St. Christoph gearbeitet, als der Anruf von zu Hause kam: Jetzt musst du heimkommen, es ist so weit, wir haben die Genehmigung bekommen.« Und noch etwas war ihr damals klar. »Ich wusste, ich möchte Kinder haben, und zwar nicht eines, sondern mehrere.«

ICH WURDE NIE BELÄSTIGT

Also kehrte sie nach Obertauern zurück, stieg in den elterlichen Betrieb ein und lernte ziemlich bald auch ihren Mann kennen, auf der Skihütte – obwohl es in ihrer Familie einen »Ehrenkodex« gab, und der lautete: »Fang dir nie etwas mit einem Touristen an.« Das hatte der Vater ihr und ihrer Schwester eingebläut. »Unser Vater hat uns das immer gesagt und uns gewarnt, dass diese Touristen, die sich mit uns einlassen wollen, alle nur das eine im Sinn hätten. Und dann habe ich meinen Mann auf der Skihütte kennengelernt. Er hat sich bei mir eine Backerbsensuppe und einen Apfelsaft gekauft. Das war die teuerste Suppe seines Lebens«, lacht sie. Welches Bild man als Frau von sich vermittle, habe man schließlich selbst in der Hand, meint sie in Bezug auf Geschichten über unangenehme Erlebnisse von Frauen mit männlichen Gästen in der Gastronomie. »Wie du dich optisch gibst, kannst du ja selber steuern. Ich arbeite auf der Skihütte natürlich auch im Dirndl, aber das ist jetzt nicht super sexy oder so. Und wenn ich mal ein nettes Kompliment bekomme, dann ist das ja auch schön und mit bald fünfzig Jahren tut das ja auch gut«, schmunzelt Manuela. Sie selbst habe nie ungute Situationen mit männlichen Gästen erlebt, allerdings war sie immer im Tagesgeschäft tätig und da seien Über-griffigkeiten sicher seltener als abends, wenn durch den Alkohol manche Hemmungen wegfallen, ist sie überzeugt.

Als junge Frau war ihre Mutter ein Vorbild. »Ich habe meine Mutter immer als sehr agil wahrgenommen. Wie sie das alles geschafft hat, mit drei Kindern den Betrieb aufzubauen. Und ich habe mich dabei als Kind nie benachteiligt gefühlt. Sie war für mich wirklich immer ein großes Vorbild – wie mir überhaupt immer Frauen gefallen haben, die im Tourismus stark waren und als Frauen an der Front gestanden sind.« Eine davon ist Haya Molcho. »Mit welcher Leichtigkeit und Coolness sie ihr Unternehmen auf-gebaut hat und mit wie viel Charme sie das alles macht, das imponiert mir sehr. Und vier Kinder hat sie auch.« Nach der Geburt ihrer ersten Tochter arbeitete Manuela weiterhin in Obertauern. Als die zweite Tochter dann zwei Jahre alt war, bat sie ihr Mann, ganz nach Wien zu kommen. Also übersiedelte sie von ihren geliebten Bergen in die Hauptstadt, bekam in Wien ihr drittes und ihr viertes Kind. »Fast acht Jahre lang war ich dann vor allem in Wien, an Wochenenden oder in den Ferien habe ich schon auf der Hütte mitgeholfen und ich habe auch im Büro meines Mannes mitge-arbeitet, weil nur zu Hause sein, das hätte ich nicht gepackt.« Ein kleines, eigenes Hotel in Wien wäre damals ihre Idee gewesen, aber so einfach ist so etwas auch nicht zu finden. Gleich nach der Geburt ihrer jüngsten Tochter sprang ihrer Schwester auf der Kringsalm ein Kellner ab, mitten in der Hauptsaison, da zögerte Manuela nicht lange und sprang für ihn ein. Und nach den Weihnachtsferien war für sie klar: »Wir brauchen keinen neuen Kellner suchen, ich bleibe wieder da.«

DIE KINDERBETREUUNG AM LAND IST EINE KATASTROPHE

Seit mehr als fünf Jahren pendelt sie jetzt – zwischen Obertauern und Wien. »Alles muss sehr gut organisiert sein, damit das geht mit vier Kindern, und die Kinder haben eigentlich das Beste aus beiden Welten: einerseits die Vorteile der tollen Schulen in der Stadt und das ganze tolle kulturelle Angebot in Wien und andererseits die Berge und die unglaublich schöne Natur in Obertauern«, schildert sie das Leben zwischen Hüttenwirtin und vierfacher Mutter. »Eigentlich geht das wirklich gut. Am Wochenende sind wir alle in Obertauern, in den Ferien sind die Kinder soundso hier, unter der Woche bin ich während der Saison auch ein bis zwei Tage in Wien, in den Übergangszeiten und im Sommer bin ich ganz in Wien.« Von Sommer 2018 bis Herbst 2019 übernahm Manuela dann auch noch die Projektleitung für das Donaubräu beim Donauturm. »Es war wohl eine der spannendsten und lehrreichsten Zeiten in meinem Leben, verbunden mit viel Arbeit, aber ich hab's gern gemacht und um spätestens 18 Uhr und an den Wochenenden im Sommer war ich zu Hause, habe Abendessen gemacht und die Kinder ins Bett gebracht. Also ich glaube nicht, dass die Kinder Schaden davongetragen haben.«

Für ihre Familie musste sie also beruflich kaum zurückstecken. »Insgesamt gesehen haben wir Frauen da aber sehr wohl noch Aufholbedarf. Ich sehe zwar im Tourismus keine großen Unterschiede, was berufliche Chancen betrifft, aber vor allem beim Finanziellen, da hinken wir Frauen immer noch hinterher. Oft verdienen Männer in vergleichbaren Positionen immer noch mehr als Frauen«, ärgert sie sich und schildert, wie schwierig das Thema Kinderbetreuung vor allem am Land noch immer sei. »In den ländlichen Gebieten ist das immer noch eine Katastrophe! Leider gibt es kaum ausreichend Betreuung, in den Tourismusregionen sollte das Angebot auch an die Saisonzeiten angepasst und die Ferien zum Beispiel in die Übergangszeit verlegt werden und auch an den Wochenenden eine Betreuung angedacht werden. Am Wochenende gibt es bei uns ja die meiste Arbeit, und solange nicht dafür gesorgt ist, dass die Kinder gut betreut sind, sind wir Frauen massiv im Nachteil.« Im Vergleich zur vorherigen Generation könnten Frauen ihrer Meinung nach aber wesentlich selbstbestimmter durchs Leben gehen und ihre eigenen Ziele verfolgen. »Obwohl meine Mutter auch immer mitgearbeitet und mitaufgebaut hat, der Boss in der Familie war eindeutig mein Vater. Da sind wir in unserer Generation schon weiter.«

HERZENSPROJEKT »PINK RIBBON«

»Für mich sind gleichwertige Partnerschaften ein Muss. Jeder soll seine Bedürfnisse äußern können und diese müssen auch respektiert werden, das ging in der Generation vor uns noch nicht so leicht«, meint die sportliche Unternehmerin, die sich seit Jahren auch als Botschafterin für »Pink Ribbon« einsetzt, die Bewusstseinskampagne der Krebshilfe für Brustkrebs. Bereits dreimal gab es in Obertauern #Sheskis, ihr absolutes Herzensprojekt, der #Pinktable, »Die längste Tafel im Schnee«, konnte coronabedingt leider weder letztes noch dieses Jahr stattfinden, voller Zuversicht hofft sie jedoch auf die kommenden Jahre mit vielen Besuchern und einem tollen Event, mit DJ, gutem Essen und vor allem dem Sammeln von Spenden für Frauen, die durch diese Krankheit auch in finanziell schwierige Situationen geraten. Manuela musste in ihrem engsten familiären Umfeld erleben, wie Frauen an Brustkrebs erkrankten – sie selbst muss daher einmal jährlich zur Kontrolle. »Ich sehe diesen Terminen eigentlich immer positiv entgegen. Denn wenn ich eine Kontrolle habe, dann habe ich wieder für ein Jahr die Gewissheit, dass alles in Ordnung ist«, schildert sie ihren positiven Zugang zur Brustkrebs-Vorsorge. Positiv nach vorne blicken, etwas lernen und immer Ziele haben, diese Einstellung habe sie sicherlich von ihren Eltern vermittelt bekommen.

Ein Wendepunkt in ihrer bisherigen beruflichen Laufbahn war für Manuela ihre Arbeit als Projektleiterin beim Donaubräu. »Zum ersten Mal musste ich mich in einem fremden Betrieb als Führungskraft profilieren – neben meiner Arbeit im eigenen Unternehmen. Das war hart, aber es hat mir gezeigt, dass ich es schaffen kann, wenn ich es wirklich will. Und das ist ein klarer Ansporn für mich, dass ich mit bald fünfzig sicher noch einmal durchstarten möchte.« Noch kämpft die Tourismus-Branche massiv mit den Auswirkungen der Corona-Pandemie. Keine Rede von einer halbwegs normalen Saison, die Manuela Krings-Fischer im Sommer 2020 noch erhofft hatte. Minus 87 Prozent bei den Liften, trotz Umstellung auf Takeaway auch ein massives Defizit auf ihrer Skihütte brachte die Wintersaison für ihre Betriebe. Bis wirklich Normalität zurückkehren wird, befürchtet die Gastronomin, werden wohl noch ein bis zwei Jahre vergehen. Trotzdem kann sie der Krise auch nach den Erfahrungen der letzten Monate immer auch Gutes abgewinnen. »Im Betrieb haben wir einige Innovationen entwickelt, die wir beibehalten werden, wie die Plexiglaswände zum Schutz der MitarbeiterInnen zum Beispiel oder die nachhaltig abgepackten Salatportionen, die einfach wesentlich hygienischer sind. Am meisten beeindruckt hat mich aber der unglaubliche Zusammenhalt der MitarbeiterInnen, die unglaublich positive Stimmung und Resonanz unserer Gäste.« Und für sich selbst habe sie gelernt, auf sich selbst zu hören, in die Tiefe zu gehen und wahre Freunde zu erkennen, den Mut niemals zu verlieren, immer nach vorne zu schauen und für das zu kämpfen, was einem wichtig ist, außerdem Vertrauen und Ehrlichkeit und mit Zuversicht in die Zukunft zu schauen: Geht nicht, gibt's nicht. Außerdem betreibt sie jetzt mehr Sport – fast jeden Tag seit Pandemie-Beginn. Wer weiß, welche neuen Projekte sie dabei im Kopf schon entworfen hat …

Megumi Ito
Ich denke, ich bin jetzt ausgewogener

Mit Anfang zwanzig kam Megumi Ito für ihr Textildesign-Studium an der Universität für Angewandte Kunst nach Wien, wo sie inzwischen länger zu Hause ist, als sie das zuvor in Japan war. »Trotzdem ist Japan noch immer Heimat für mich. Das liegt wahrscheinlich vor allem an der Sprache und auch an der Religion«, meint die zierliche Künstlerin, die mit ihren einzigartigen Lichtobjekten längst auch die traditionellsten Institutionen Wiens erobert hat. Beim Umbau des legendären Café Sacher brachte sie mit ihrem gigantischen Luster, der sich über zwei Geschoße erstreckt, eine der prägendsten Veränderungen in die altehrwürdigen Räume. Im Jahr 2019 erstrahlte beim Wiener Opernball ein eigener Japan-Raum mit großen Origami-Kranichen und Lampen der Designerin. Aber auch in einem der größten Fitnesscenter der Stadt finden sich ihre Lichtkreationen, ebenso wie in einem hippen Hotel in Gastein oder einer großen Sushi-Restaurant-Kette.

Megumi Ito ist mit ihrer Lichtkunst in Österreich schon lange etabliert, da geraten die schwierigen Anfänge in Wien manchmal fast in Vergessenheit. »Als ich nach Wien kam, war das für mich gar nicht leicht. Die Menschen waren mir gegenüber überhaupt nicht offen, auch nicht auf der Universität, wo ich studiert habe. Zu meiner Überraschung waren alle irgendwie ziemlich konservativ und wollten nichts mit mir zu tun haben. Also, es wäre übertrieben davon zu sprechen, dass sie rassistisch waren, aber ich bekam deutlich zu spüren, dass ich eine Japanerin, eine Asiatin bin«, schildert sie ihre ersten Jahre in Wien. Durch ihren damaligen Freund und dessen Freunde lernte sie die Wiener Mentalität aber nach und nach kennen, hörte, dass »die Wiener nicht so offen sind« und lernte die Distanz ihr gegenüber nicht mehr so persönlich zu nehmen – bis zu einem wichtigen Wendepunkt, wie sie erzählt. »Neben dem Studium hatte ich mit der Zeit wirklich gut bezahlte Jobs, meist im Tourismus. Ich verdiente wirklich gut und begann sehr modisch zu sein, war immer perfekt gekleidet. Plötzlich wurde ich mit anderen Augen angeschaut, da ging eine Türe auf und ich konnte mit den Menschen sprechen«, erinnert sich Ito, die durch ihre Arbeit in Österreich inzwischen auch gesellschaftlich gut vernetzt ist. Erst seit zehn, vielleicht fünfzehn Jahren seien die Menschen in Österreich anders, internationaler eingestellt, meint die Designerin und ist sich sicher, dass es junge japanische Frauen, die jetzt nach Österreich kommen, wesentlich leichter hätten als sie damals.

Mann und Frau auf Augenhöhe:
Das kannte ich nicht

Megumi wuchs in der historischen Stadt Kamakura auf, nur eine Stunde Zugfahrt von Tokio entfernt, und wurde traditionell erzogen, wie es sich für ein japanisches Mädchen gehörte. »Ich habe einen Zwillingsbruder und als Kind habe ich immer gehört, dass ich mich anders zu benehmen habe als er. Traditionellerweise sollen Buben in Japan stark sein und die Mädchen brav. Aber auch was die Bildung betrifft, gibt es immer noch Unterschiede in der Erziehung bei Buben oder Mädchen«, meint Megumi und erzählt eine Geschichte, die sie gerade aus Japan gehört hat: »Ein Mädchen ist gut in allen Gegenständen, auch in Mathematik, Physik oder Chemie – der Lehrer aber rät ihr dazu, Literatur zu studieren. Bei einem in der Schule gleich guten Buben rät er zu einem Naturwissenschaftsstudium. Die Kinder wachsen schon von klein auf mit solchen Klischees auf und so kommen Mädchen kaum auf die Idee, dass sie doch genauso gut eine technische Ausbildung machen könnten wie Buben. Das ist in Japan aktuell immer noch so.« Dass Frauen und Männer in Europa von Kind auf mehr oder weniger gleichbehandelt werden, war für sie eine riesige Umstellung, als sie zum Studium nach Europa kam. »Eigentlich habe ich erst vor Kurzem gelernt, wie ich damit umgehen kann. Frau und Mann auf Augenhöhe, das habe ich lange nicht verstehen können. Das war nicht leicht für mich, weil alles ja auch zwei Seiten hat. In Japan dürfen Mädchen auch Mädchen sein, d. h. sie dürfen weich sein oder auch einmal schwach. Hier müssen Frauen manchmal sogar stärker sein als Männer. Meiner Meinung nach ist das für Frauen manchmal schwieriger, als in der traditionellen Rolle zu bleiben.« In Japan beginne die Emanzipation von Frauen erst langsam, die nun dreißigjährigen Frauen tickten schon ganz anders als die ihrer Generation. »Manchmal kippt das System jetzt ins Gegenteil: Buben haben weniger zu sagen, sind plötzlich die Schwachen. Das ist auch nicht gut. Aber Umstellungen bringen eben auch immer Extreme mit sich.«

Einen Beruf zu erlernen und auch auszuüben, sei für junge japanische Frauen inzwischen Normalität geworden – bis sie eine Familie gründen. Beruf und Familie zu vereinbaren ist in der japanischen Hochleistungs-gesellschaft nach wie vor kaum möglich. »Meine Freundinnen in Japan arbeiten alle nicht. Sie sind sehr auf ihre Kinder konzentriert«, berichtet die erfolgreiche Unternehmerin, die auch erzählt, dass es für sie sehr schwierig war, gut Deutsch zu lernen, weil hinter Japanisch oder Deutsch ein völlig anderes kulturelles Konzept stecke. »Die Grammatik ist anders, die Formulierungen sind anders, das ganze Sprachkonzept ist wirklich 180 Grad anders – vor allem auch der Humor. In der Corona-Zeit kursieren so viele lustige Zeichnungen oder Videos. Ich habe ein paar davon an meine japanischen Freundinnen geschickt, aber die haben diese Art von Humor nicht verstehen können.«

Sie selbst ist inzwischen in beiden Welten zu Hause, dazu trug auch die Ehe mit einem Österreicher bei, wie sie meint. Mit neunundzwanzig Jahren heiratete Megumi, mit dreißig bekam sie ihren Sohn. »Ich hatte nie damit gerechnet, dass es eine derart große Veränderung in meinem Leben sein würde, wenn ich Mutter werde. Aber das war es. Die absolut prä-gendste Veränderung meines gesamten Lebens. Ohne Kind war ich schon eine andere, dachte nicht so viel nach. Bevor ich Mutter wurde, hatte ich sicherlich eine größere Leichtigkeit in mir.« Und auch jetzt, wo ihr Sohn sein eigenes Leben beginne, so wie sie als junge Frau für das Studium ins Ausland gegangen war, sei sie nach wie vor in ihrem Denken durch die Verantwortung für ihren Sohn geprägt. »Jetzt denke ich schon, wo werde ich in zehn Jahren leben, ich bin in allem, was ich tue, einfach überlegter geworden.«

Möglicherweise trug auch das Scheitern ihrer Ehe dazu bei, dass Megumi über die Jahre ihre Leichtigkeit verlor. »Ich habe meinen Mann geheiratet, weil ich ihn geliebt habe. Und wir haben auch jetzt immer noch ein wirklich gutes Verhältnis. Meine Eltern sind geschieden und haben nach der Scheidung nicht mehr miteinander gesprochen. Das wollte ich auf jeden Fall anders machen. Für meinen Sohn ist es sehr wichtig, dass er weiß, dass sein Papa ein guter Mann ist. Wir haben auch jetzt, zwölf Jahre nach unserer Scheidung, noch viel Kontakt. Heute beispielsweise gehe ich impfen und mein Ex-Mann bringt mich hin. Aber in der Ehe zeigten sich mit der Zeit immer mehr unterschiedliche Zugänge zum Leben zwischen uns – auch was meine Kunst betrifft. So war und ist ihm immer wichtig, dass meine Kunstwerke einen Wert haben, den man in Euro benennt. Mir ist oft die Wertschätzung wichtiger, als damit viel Geld zu verdienen, zum Beispiel. Das ist ein Unterschied zwischen Künstler und Nicht-Künstler«, lacht sie, »für mich als Künstlerin ist es eine Freude, wenn jemand meine Kunst haben will. Früher war das noch mehr so als jetzt.«

Nach der Scheidung allerdings durchlebte Megumi die schlimmste Phase ihres Lebens. »Plötzlich stand ich da. Ohne Aufträge, ohne Geld, ich wusste überhaupt nicht, wie meine Zukunft aussehen sollte. Und ich hatte nicht damit gerechnet, dass ich mich nach der Scheidung so einsam fühlen würde. Das war wirklich die schlimmste Phase meines Lebens. Eines Tages wurde mir sogar der Strom abgeschaltet, weil ich ihn nicht zahlen konnte«, erzählt sie. Ein paar Jahre hätte diese schlimme Erfahrung gedauert, die sie im Endeffekt aber ziemlich weitergebracht habe und von der sie »sehr viel gelernt« habe. Vor allem Frauen unterstützten die Künstlerin damals wie auch heute, was ihrer Meinung nach an einer Verbundenheit liege, die Frauen zueinander spürten. Wobei die Buddhistin sonst keinen wirklich großen Unterschied zwischen Männern und Frauen sieht. »Wir alle haben einen männlichen und einen weiblichen Teil in uns. Der Körper der Buddha-Figur ist immer geschlechtsneutral, man kann nicht sagen, ob es sich um eine Frau oder einen Mann handelt. Ob man im Leben viel erreichen kann, liegt meiner Meinung nach auch daran, wie gut man seinen weiblichen und seinen männlichen Teil ausbalancieren kann. Erfolgreiche Leute sind oft fast wie geschlechtsneutral. Für mich war es als junge Frau schwieriger, weil ich zu achtzig Prozent durch diese Frauenrolle definiert war. Jetzt denke ich, bin ich ausgewogener«, meint die religiöse Künstlerin. »Ich bin damit aufgewachsen, dass wir mit den Göttern leben. In Japan gibt es neben dem Buddhismus ja auch noch die ursprüngliche Religion, den Shintoismus, in dem es unendlich viele Götter gibt, aber keine bestimmenden Regeln, wie etwa im Katholizismus. Die Götter sind nicht über uns, sie begleiten uns.«

Die Wertschätzung für Ältere ist in Japan höher

Aber nicht nur die Religion, auch der Umgang mit dem Alter sei grundlegend anders in der japanischen Kultur, meint sie: »Einerseits bin ich mit meinen fünfzig schon eher eine alte Frau, andererseits ist die Wertschätzung für ältere Menschen in der japanischen Gesellschaft auch größer. Für mich war meine Großmutter immer ein großes Vorbild. Sie war immer wie ein Mädchen, das das Leben genossen hat. Sie telefonierte stundenlang mit ihren Freundinnen, verstand es, gut zu leben, umgab sich mit schönen Dingen, war immer ein Sonnenschein. Ich wollte immer ein bisschen so sein wie sie.« Wobei sie jetzt auch ihre Mutter anders wahrnehme, die sie früher jedes Mal, wenn Megumi ihre Eltern in Japan besuchte, fragte, ob sie alt geworden sei, und sie als Tochter überhaupt nicht verstand, warum sie ihre Mutter das fragte. Inzwischen kann die Fünfzigjährige die Gedanken ihrer Mutter nachvollziehen, auch wenn ihre Mutter ein ganz anderer Typ gewesen sei als sie selbst. »Meine Mutter ist leider vor Kurzem gestorben. Sie war eine sehr elegante Person. Ihr Tod reißt eine große Lücke und plötzlich ist da niemand mehr hinter mir, das ist schon ein heftiger Gedanke, wenn die eigenen Eltern sterben. Besonders schlimm für mich war, dass ich wegen der Pandemie nicht nach Japan fliegen konnte und sie nicht mehr sehen konnte, ich konnte ihr totes Gesicht nicht sehen, das wäre für mich wichtig gewesen. Aber ich bin sicher, dass sie friedlich ausgesehen hat, sie ist sicher friedlich gestorben.« Vieles von ihrer Mutter lebe auch in ihr weiter und das sei ein guter und tröstlicher Gedanke.

Ich muss keine Rolle mehr spielen

Auch manche Traditionen, die ihre Mutter hochgehalten hat, möchte Megumi weiterleben, meint sie und erzählt von einem japanischen Spruch zum Thema Ernährung und Älterwerden: »In Japan sagt man, wenn man dreißig Jahre alt ist, darf man den Magen zu achtzig Prozent füllen. Ist man zehn Jahre älter, kann man nur mehr zehn Prozent weniger essen und so weiter« – das ergibt folglich nur mehr sechzig Prozent erlaubter Magenfüllung mit fünfzig Jahren. »Ich habe damit aber kein Problem. Wenn man jung ist, versucht man alles. Rote Haare, hohe Schuhe oder was weiß ich.

Jetzt aber wissen wir, was uns steht, was uns guttut, auch was das Essen und Schlafen betrifft. Da kann man ruhig auch ein wenig reduzierter leben« – reduzierter leben und sich nicht mehr verstellen müssen. »Ich fühle mich gut, wie ich bin, und ich bin wahnsinnig froh, dass ich jetzt authentischer bin, als ich es als junge Frau war. Ich muss keine Rolle mehr als Ehefrau spielen, ich weiß, was ich will, und genauso, was ich nicht will. Durch meine Kunst habe ich mich über die Jahre selbst besser kennengelernt, ich bin froh, dass ich mir immer Zeit genommen habe, mich selbst intensiver wahrzunehmen.« Auch von ihrem Umfeld fühlt sich die Lichtkünstlerin nun ernster genommen als in ihren Anfängen. »Vergangenes Jahr erschien in der Zeitung ›Die Presse‹ ein Porträt über mich über eine ganze Seite, das gab es früher nie. Ich denke schon, dass ich mehr Achtung und auch mehr Aufmerksamkeit bekomme, auch weil ich älter und erfahrener geworden bin.«

Der 50. Geburtstag, den Megumi im Frühling 2021 feierte, war dann doch eine Herausforderung. »Kurz nach dem Tod meiner Mutter, mitten in der Covid-Zeit, wo man ohnedies so viel Zeit hatte nachzudenken, da hat mich das Älterwerden schon beschäftigt. Aber an meinem Geburtstag selbst bin ich aufgewacht und hab mir gedacht: Es ist nicht so schlecht«, scherzt sie. »Ich fühlte mich wie achtundvierzig. Also eigentlich ein Jahr jünger. Ich dachte, ich werde leiden, weil meine Mutter so schwer mit dem Älterwerden umgehen konnte, auch mit dem Großmutterwerden, sie konnte das nicht gut. Und weil ich das immer vor Augen hatte, dachte ich, ich werde das auch nicht können. Aber was soll's. Wobei fünfzig schon so eine Zahl ist – die Hälfte von hundert immerhin. Aber ich weiß, was ich will, ich bin gesettelt, mir geht's gut.« Trotzdem beobachte sie manche Dinge, die ihr im Alltag passieren, doch anders als früher – wie unlängst auf ihrem ersten Flug nach der Lockdown-Zeit nach Paris, als ihr ihr jüngerer Sitznachbar eine Decke brachte, weil er merkte, dass ihr kalt war. »Da dachte ich mir schon, der glaubt vielleicht, ich bin eine alte Oma oder so«, lacht Megumi, »aber beim Aussteigen, da hat er mir nicht geholfen, den Koffer von oberhalb des Sitzes hinunterzuheben, also habe ich offenbar doch nicht so alt gewirkt«, erzählt sie lachend.

Dass sie nicht mehr so viele Kompromisse eingehen müsse wie als junge Frau, das empfindet Megumi Ito als größtes Plus ihres Alters. »Ich weiß jetzt, was ich möchte und was ich nicht mehr möchte«, sagt sie. Eine fixe Beziehung ist sie deshalb auch nach ihrer Scheidung nie mehr eingegangen. »Besser nicht zu viele Kompromisse, oder?«, lacht die erfolgreiche Künstlerin, für die ein Traum aber derselbe geblieben ist, seit sie sechzehn Jahre alt war: ihre Lichtkreationen weltweit auszustellen. Und das möchte sie auch unbedingt noch realisieren.

Maria Planegger
Ich bin kein Vorstadtweib

»Wenn wir Fassaden entwerfen, dann legen wir auch ein Augenmerk darauf, dass sie natürlich altern. Holzbauten zum Beispiel sind anfangs alle braun und vergrauen mit der Zeit, erst diese Patina macht sie langlebig. Bei einem Gebäude muss das Schöne auch nach außen strahlen. Nur die Hülle gut zu gestalten und aufzuputzen, das reicht nicht. Und so ist das doch auch bei uns.« So klingt es, wenn eine Architektin über die sichtbaren Veränderungen des Älterwerdens philosophiert. »Bei Fassaden gefällt es uns doch auch, wenn sich natürliche Materialien mit der Zeit verändern. Also, warum soll das bei uns Menschen eigentlich anders sein?«, lacht sie. Graue Haare allerdings, gibt Maria Planegger zu, gefallen ihr immer nur bei den anderen, »da muss man wirklich das Gesicht dazu haben«. Aber sonst wäre die Diplom-Ingenieurin noch nicht wirklich auf die Idee gekommen, schönheitstechnisch nachzulegen. Dazu hätte sie auch gar keine Zeit, viel zu fordernd wären ihr Beruf, ihre Familie, ihre Interessen. »Meistens sind es Frauen, denen die berufliche Bestätigung fehlt, die viel Zeit haben, sich mit sich selbst zu beschäftigen, die dann mit dem Älterwerden hadern. Ich kann das auch verstehen und jede muss da selbst entscheiden, wie sie mit dem Thema Schönheit umgeht. Wenn sich eine Frau etwas im Gesicht machen lässt, warum nicht? – solange sie versteht, wann es zu viel ist. Wirklich schlimm allerdings finde ich diesen Schönheitswahn bei den Jungen. Wenn man mit dreißig anfängt zu botoxen, das finde ich wirklich bedenklich.«

Ästhetik spielt im Leben von Maria Planegger eine große Rolle. Als Architektin schafft sie Häuser wie Gesamtkunstwerke, verbindet Schönheit mit Funktionalität, Innovation mit Wohnkomfort. Als Frau legt sie Wert auf Qualität, auf ihre Familie, ihre Interessen und ganz sicher nicht nur auf eine funkelnde Fassade, um in ihren eigenen Bildern zu bleiben. Dabei könnte sie es mit ihrer Karriere und ihrem Background auch ganz anders anlegen, sich am schillernden Society-Leben beteiligen und durch die »Seitenblicke« tanzen. Aber das ist gar nicht Maria Planeggers Sache. Die sportliche Architektin ist mit dem erfolgreichen Unternehmer Christian Planegger verheiratet und stammt aus einer der prominentesten Unternehmerfamilien Kärntens, ihre Brüder gehören zu den Innovativsten der heimischen Immobilienbranche, ihren Geburtsnamen Soravia sucht man bei Marias beruflichen Auftritten aber vergebens. Sie hat ihre eigene Karriere gemacht, leitet gemeinsam mit ihrem Geschäftspartner ein großes Architekturbüro, das aktuell gerade den höchsten Wohnturm Österreichs realisiert. »Ich habe ein sehr gutes und enges Verhältnis zu meinen Geschwistern«, erzählt sie. »Als Kind war es ein Glück, die Jüngste zu sein. Da stand ich nicht mehr so im Fokus der Eltern, die uns durchaus streng erzogen haben« – und die, wie Maria meint, noch ganz und gar der konservativen Generation angehörten. Bei ihren Brüdern sei es vor allem ihrem Vater durchaus wichtig gewesen, für welche Ausbildung sie sich entscheiden, »bei meiner Schwester und mir war das viel lockerer – nach dem Motto: sie sollen machen, was ihnen Spaß macht, die werden eh einmal heiraten und Kinder kriegen. Meine Schwester hat das immer geärgert. Für mich war das eher entspannend, dass von mir niemand etwas Großes erwartet hat«, erzählt sie. Als sie dann doch beruflich so richtig durchstartete, seien alle erstaunt gewesen. Maria Planegger übersiedelte für das Architekturstudium von Kärnten nach Wien, einfach zum Spaß zu studieren, war für sie nie eine Option. »Mir war klar, dass ich das durchziehe. Es ist ja auch ein zaches Studium. Dass ich das dann irgendwann einmal auch umsetze, war immer klar.« Trotzdem kam für sie zuerst die Familie.

ICH MÖCHTE KEINESFALLS NOCH EINMAL DREISSIG SEIN

Maria heiratete, als sie vierundzwanzig Jahre alt war, mit dreißig hatte sie zwei Töchter, mit etwas zeitlichem Abstand wurde ihre dritte Tochter geboren. »Also, das war schon mehr als herausfordernd. Mein Mann war beruflich von Montag bis Donnerstag immer unterwegs. Sein Fokus war auf den Aufbau eines Unternehmens gerichtet. Am Wochenende praktizierten wir ein intensives Familienleben, unter der Woche war ich mit meinen beiden älteren Töchtern alleinerziehend. Die Großeltern waren weit weg. Geld, um uns genügend Kinderbetreuung zu leisten, hatten wir auch noch nicht. Ich habe trotzdem auch immer gearbeitet, aber natürlich viel weniger, ich war vor allem mit der Familie beschäftigt«, schildert sie die anstrengende Zeit in ihren frühen Dreißigern. Erst als sie »wieder über Wasser« war, entstand der Wunsch, selbstständig zu arbeiten, wobei die finanzielle Unabhängigkeit dabei für sie immer eine Triebfeder gewesen sei, wie sie erzählt. Mit ihrer jüngsten Tochter, die sieben Jahre jünger als ihre älteste ist, war dann alles schon viel leichter. »Ich war viel entspannter, war besser organisiert und konnte mir eine gute, qualifizierte Betreuung leisten. Und ich hatte auch nicht mehr so viel schlechtes Gewissen wie bei meinen älteren Töchtern, wo ich mich selbst wahnsinnig gestresst habe, ob ich ja alles richtig mache.« Alles richtig machen, mithalten, den anderen genügen, mit diesen Ansprüchen habe sie sich als junge Frau selbst manchmal richtig unter Druck gesetzt. »Ich möchte deshalb auch keinesfalls noch einmal dreißig sein. Mein Lebensfeeling ist jetzt besser als damals. Ich bin gelassener, selbstbewusster und hechle nicht mehr allem hinterher.« An diesem Stress zwischen Beruf und Familie hat sich ihrer Meinung nach für Frauen der nächsten Generation wenig geändert. »Also wenn ich meine jungen Mitarbeiterinnen so beobachte, die kämpfen alle mit den gleichen Problemen. Mit dem ersten Kind geht es ja noch irgendwie, aber wenn dann ein zweites Kind kommt, wird es wirklich schwierig. Ein guter Kinderbetreuungsplatz, der womöglich auch zeitlich flexibel ist, ist essenziell, aber kostspielig. Auch in der Corona-Zeit waren es meine jungen Mitarbeiterinnen mit Kindern, die am härtesten vom Lockdown betroffen waren und die vielfach an ihre Grenzen gestoßen sind.« Homeoffice könne es ihrer Meinung nach berufstätigen Müttern mit kleinen Kindern ein wenig leichter machen, aber solange es »diese ewigen Sommerferien« gebe und es nachmittags noch immer keine wirklich durchgängige Kinderbetreuung gibt, habe sich für junge Frauen diesbezüglich kaum etwas verbessert, ist die Unternehmerin überzeugt.

Egg Freezing als Entlastung der Frauen

Deshalb kann Maria Planegger auch einem Konzept, das bei uns noch sehr umstritten und gesetzlich verboten ist, viel abgewinnen: dem sogenannten Egg Freezing, also der Idee, dass Frauen in jungen Jahren ihre Eizellen einfrieren lassen, um erst in ihren Vierzigern noch Kinder bekommen zu können. »Ich glaube, in zwanzig Jahren wird das gang und gäbe sein. So wie vor dreißig Jahren In-vitro-Befruchtung nur in Ausnahmefällen eine Lösung für unerfüllten Kinderwunsch war, wird es normal werden, dass sich junge, karrierebewusste Frauen ihre Eizellen vorsichtshalber einfrieren lassen, um sich von diesem Druck, sich zwischen Kind und Karriere entscheiden zu müssen, vorerst freispielen zu können. Frauen könnten sich so wie ihre männlichen Kollegen zuerst auf das Berufliche konzentrieren, sich einen finanziellen Polster schaffen und erst mit vierzig ihr erstes Kind bekommen. Und außerdem seien das dann die fünfzigjährigen Frauen, die fit blieben, weil sie mit kleinen Kindern sehr gefordert wären. »Also eine Frau ist mit fünfzig Großmutter, die andere hat noch kleine Kinder, ich finde das lustig.« Sie selbst fühlt sich mit ihrem klassischen Familienmodell manchmal fast schon wie eine Exotin. »Ich bin bald dreißig Jahre verheiratet, habe drei Kinder von einem Mann. Also das ist schon sehr untypisch«, meint sie über sich selbst. Studienkolleginnen hätten ihre Entscheidung damals nicht nachvollziehen können, als sie mit vierundzwanzig Jahren heiratete. »Mein Mann war schon berufstätig, ich war noch Studentin. Es war eine schöne Zeit, wichtig für unsere gleichberechtigte Partnerschaft. Ich hatte Zeit, mein Studium zu beenden und mich auf meinen ersten Job zu konzentrieren.«

Ich bin oft die einzige Frau

Um ihr Ziel der Selbstständigkeit zu erreichen, musste die studierte Architektin zusätzlich die Ausbildung zur Ziviltechnikerin absolvieren. Dass sie je ein derart großes Architekturbüro leiten würde, war aber nie das erklärte Ziel. »Das hat sich so ergeben. Ich hatte nie das Gefühl, als Frau in irgendeiner Weise nicht gleichberechtigt zu sein. Vielleicht ist die Branche einfach toleranter als andere Branchen«, glaubt sie. Andererseits sei die Architekturszene schon von Männern dominiert. Als sie unlängst zu einem

Fachvortrag eingeladen wurde, wurde ihr explizit gesagt, dass man auf der Suche nach einer Frau war, weil sonst bei dieser Veranstaltung nur Männer am Podium waren. »Es kommt öfter vor, dass ich bei Besprechungen die einzige Frau unter Männern bin. Aber ich finde das ganz spannend.« Einen beruflichen Nachteil habe sie dadurch noch nie gehabt. Nur beim Netzwerken, da seien die männlichen Kollegen immer noch wesentlich engagierter. »Ich glaube, dass sich wenige Frauen mit dem Ziel treffen, sich beruflich weiterzuhelfen. Das ist immer noch eher Männersache. Frauen bleiben schneller bei weicheren Themen hängen, da geht es dann schnell auch um das Thema Familie. Sich zu treffen, um gezielt einen beruflichen Vorteil daraus zu lukrieren, das machen wir Frauen kaum beziehungsweise zu wenig« – warum auch immer. Eine Erklärung, meint die erfolgreiche Businessfrau, sei sicherlich, dass Frauen zeitlich immer noch mehr mit Privatem befasst seien als Männer, dass sie alle die Vereinbarkeit von Beruf und Familie als gemeinsames Überthema hätten. Sie selbst bezeichnet sich aber »schon ein bisserl als Vereinsmeier«, war im Elternverein und im Fechtclub aktiv, ist Rotarierin und im Board eines Museums aktiv. Einen Job habe ihr das aber noch nie gebracht. »Ich finde es großartig und auch wichtig, wenn sich Frauen gegenseitig helfen. Es gibt doch jetzt diese Wiener Wunderweiber, die sich auf Facebook zusammengetan haben und sich gegenseitig in vielen Belangen unterstützen, das ist cool. Aber ich fürchte, dass Frauen sich prinzipiell untereinander zu wenig loben. Und vielleicht sind wir ja doch alle auch ein bisschen stutenbissig?«, stellt sie in den Raum.

Ihr selbst habe es immer sehr geholfen, dass sowohl sie als auch ihr Mann aus einer großen Familie stammen. »Jeder von uns hat drei Geschwister, das ergibt schon von der Familie her ein wirklich großes Netzwerk.« In der Architektur sieht Maria Planegger strukturelle Veränderungen, die das Arbeiten schöner gemacht hätten. »Früher gab es mehr autoritäre Bürostrukturen – ein berühmter Architekt gab die Linie vor und alle anderen mussten spuren. Das ist jetzt zum Glück nicht mehr so. Teamwork ist Dreamwork.« Seit Corona, wo noch mehr gebaut und umgebaut wird und Investoren vermehrt große Projekte umsetzen, zähle vor allem Erfahrung und Know-how, erzählt Maria. »In der Architekturszene suchen wir gerade dringend erfahrene Leute, und viel Erfahrung hat man eben erst in einem gewissen Alter.« Für sich selbst sieht sie beim Arbeiten »noch ein Zeitfenster von zehn bis fünfzehn Jahren«. »Wir arbeiten seit acht Jahren an unserem Großprojekt, den Danube Flats, wo jetzt die Bauphase beginnt.

Solche Projekte dauern einfach ihre Zeit. Ich weiß nicht, ob man mit siebzig Jahren noch beginnt, ein Hochhaus zu bauen«, ist sie skeptisch, wobei sie sich selbst ohne Arbeit überhaupt nicht vorstellen kann. »Also, ich bin sicher kein Vorstadtweib, um das einmal so zu formulieren«, scherzt sie, »solange es mir Spaß macht, werde ich sicher arbeiten. Aber natürlich bemerke ich, wie sich der Job verändert. Die Sachen müssen schneller raus, es ist aufwendiger geworden, man braucht mehr Manpower. Und man sollte sich zusätzlich noch intensiv mit Social Media auseinandersetzen. Du musst jetzt immer erreichbar sein, schneller sein, sofort reagieren.«

Ich muss nicht mehr alles mitmachen

Viel Arbeit war für die temperamentvolle Gestalterin aber noch nie ein Thema, ständig erreichbar zu sein hingegen nervt sie, weshalb sich Maria Planegger mit ihrer Mobilbox am Handy einen kleinen Scherz erlaubt. »Wer mich anruft und auf meiner Box landet, hört: Diese Mailbox wird nicht abgehört. Und das ergibt dann die lustigsten Reaktionen«, lacht sie. »Die einen regen sich auf, wieso ich dann die Mobilbox nicht einfach abdrehe, andere sprechen mir was Lustiges drauf.« Die Mailbox von Maria Planegger wird nämlich sehr wohl abgehört, und das von ihr höchstpersönlich. »Ja, ich höre sie ab und amüsiere mich.« Ein kleiner Akt der Rebellion gegen die rund um die Uhr eingeforderte berufliche Präsenz. Im Gegensatz zu früher müsse sie jetzt nämlich nicht mehr alles mitmachen, erzählt sie. »Ich kann mich gut erinnern, wie ich mich während meiner Studienzeit einen ganzen Monat lang nur in Grün gekleidet habe, weil grün ›in‹ war. Ich hatte tatsächlich alles in Grün – Mantel, Tasche, alles«, lacht sie und ist froh, dass sie solche Modetrends jetzt wesentlich entspannter sieht. »Aber ich lege auch Wert darauf, dass ich mich einem Trend schon immer entzogen habe: der Architektenfarbe – Schwarz nämlich. Dieser Einheitslook einer ganzen Branche, das fand ich schon immer unglaublich einfallslos«, meint Planegger, die fest davon überzeugt ist, dass sie durch ihr Umfeld »in Shape gehalten wird«, wie sie es formuliert. »Ich umgebe mich nur mit Freundinnen, mit denen ein spannender Austausch möglich ist, die cool und locker sind. Also, wie man altert, das ist auch Typsache.« Allerdings musste sie selbst im ersten Lockdown erleben, dass »man mit fünfzig halt keine dreißig mehr ist«. Um sich fit zu halten, rauszukommen, ging Maria nämlich rollerbladen und handelte sich einen komplizierten Bruch ein, der ihr, wie sie selbst meint, erstmals ihre eigenen körperlichen Grenzen zeigte. »Ja, das war wahrscheinlich ein Fehler. Mit fünfzig muss man nicht mehr unbedingt rollerbladen gehen. Nach diesem Sportunfall habe ich ziemlich lang gebraucht, bis ich wieder fit war.« Und wenn sie fünfmal die Woche abends ausgehe, dann könne sie das nicht mehr so wegstecken wie ihre jüngeren Kolleginnen oder ihre Töchter, erzählt sie, ohne dieses Faktum zu bereuen. Jedem Alter seine Gewohnheiten eben – und seine Wohnweisen. Ein Traumprojekt von Maria Planegger wäre deshalb auch, irgendwann ein Wohnhaus für ältere Semester zu bauen. »Ich stelle mir das aber nicht so vor wie dieses betreute Wohnen! Sondern schon lustiger. Mitten im städtischen Leben. In der Nähe müsste es schon Theater und Konzertsäle geben. Da mieten wir uns dann alle ein, wenn wir alt sind, und haben unseren Spaß. Das wäre schon witzig!«, lacht die umtriebige Architektin über diesen Ausblick in die weite Zukunft.

Corinna Milborn
Fünfzig war für mich immer ein Sehnsuchtsalter

»Als Teenager habe ich mir mehr Sorgen um meine Pickel gemacht als jetzt um die Falten. Es beeinträchtigt mich nicht mehr. Wenn man mit langen blonden Haaren durchs Leben geht und jung ist, dann verbringt man so viel Zeit damit, extra *nicht* schön zu sein, damit man ernstgenommen wird. Damit man als junge Frau fachlich respektiert wird.« Oder damit man nicht automatisch als Sekretärin oder Kellnerin eingestuft wird, wenn man als einzige Frau bei Veranstaltungen oder Meetings auftaucht. Corinna Milborn hat solche Zuordnungen als junge Wirtschaftsjournalistin mehrfach erlebt, aber sie wusste sich immer dagegen zu wehren und entwickelte mit der Zeit Strategien, um Ruhe von diskriminierenden oder sexistischen Zuordnungen zu haben. So trägt sie seit bald fünfzehn Jahren bei ihren Moderationen beispielsweise immer einen Hosenanzug. »Weil dann niemand mehr über meine Kleidung redet und damit mehr auf den Inhalt meiner Arbeit geachtet wird. Da muss man wirklich seine Strategien finden.« Das Schlüsselerlebnis zu dieser Entscheidung war ein TV-Auftritt bei Günther Jauch, in dessen Sendung sie mit ihrem Buch über Frauenhandel eingeladen war. »Das Thema war mir extrem wichtig, ich habe ewig dafür recherchiert. Und was blieb von meinem Auftritt damals übrig? Youtube-Videos von meinen Beinen«, ärgert sie sich noch heute. »Ich hatte ein Kleid an, und es gibt tatsächlich Beinfetischisten, die alles zusammenschneiden und das dann veröffentlichen. Das war so deprimierend für mich, da habe ich beschlossen: ab jetzt nur mehr Hosenanzüge auf Sendung.«

Als wir uns für das Gespräch für dieses Buch treffen, sind wir schnell in einem Erfahrungsaustausch darüber, wie wir als junge Journalistinnen dafür kämpfen mussten, so ernst genommen zu werden, wie wir uns das wünschten. Und wie wir uns das als Studentinnen vorgestellt hatten, als wir gemeinsam in Wien Politikwissenschaften und Spanisch studierten. »Ich habe mich in meinem Studium natürlich auch mit Feminismus beschäftigt, aber ich hatte das Gefühl, das haben die vor uns erledigt. Die Feministinnen der Siebziger- und Achzigererjahre – super, dass sie so gekämpft haben. Die gesetzliche Gleichstellung ist erreicht. Wir müssen keinen Mann mehr fragen, ob wir etwas tun dürfen, so wie es bis in die 1970er-Jahre der Fall war.« Während des Studiums und auch in ihrem ersten Job hatte Corinna das Gefühl, dass es in unserer Generation endlich keinen Unterschied mehr macht, ob man eine Frau oder ein Mann ist. »Bis zu dem Punkt, wo es um Macht geht. ›Macht‹ nicht im Sinn von Führungsposition, sondern um etwas, das andere auch haben wollen, Platz für eine Story in der Zeitung zum Beispiel. Und da habe ich plötzlich gemerkt: Gar nichts ist erledigt. Und so geht es, glaube ich, ganz vielen Frauen. Ich rede jetzt oft mit jungen Frauen, die mit Anfang zwanzig überhaupt nicht wahrnehmen, dass es immer noch Unterschiede gibt – bis sie einmal ein Kind bekommen. Dann merken sie: Wow, es ist immer noch ein echter Unterschied im Leben, ob man eine Frau oder ein Mann ist.« Trotzdem sei es für Frauen in den letzten zwanzig Jahren besser geworden, ist Corinna überzeugt. »Als ich als Journalistin begonnen habe, waren sexistische Witze in Redaktionskonferenzen völlig normal. Und du hast dich ja nicht die ganze Zeit damit beschäftigen können, dich dagegen zu wehren. Du hast ja auch darum kämpfen müssen, dass du einen Platz für deine Story bekommst. Da musste man wirklich manchmal auf Durchzug schalten. Jetzt ist das nicht mehr so. Auch die Männer würden es nicht akzeptieren, wenn jemand in einer Sitzung einen sexistischen Witz macht. Also zumindest bei uns ist das so.«

ENDLICH GEHE ICH ENTSPANNTER DURCHS LEBEN

Zum Journalismus kam Corinna aber nicht direkt nach dem Studium, eine Zeit, in der sie viel und oft international unterwegs war. Sie arbeitete zunächst als Menschenrechtsbeobachterin in Guatemala, war Pressesprecherin beim WWF und wechselte dann als Journalistin und schließlich Chefredakteurin zur Menschenrechtszeitschrift »liga«. Es folgte Wirtschaftsjournalismus beim »Format«, Gastgeberin der ORF-Diskussionssendung »Club 2«, stellvertretende Chefredakteurin bei der Zeitschrift »News« und schließlich Puls 4, wo sie seit 2012 die Politik-Talkshow »Pro und Contra« moderiert und seit 2013 auch Informationsdirektorin der Sendergruppe der ProSiebenSat.1PULS 4 GmbH und Mitglied der Geschäftsleitung ist. »In meinen Zwanzigern bin ich immer wieder mal aufgewacht und hab mir gedacht, ich kriege mein Leben nicht hin. Ich habe mich ja für ein ›brotloses‹ Studium entschieden, wo man sich seinen Job selber schaffen muss. Und ich war immer ein sehr ehrgeiziger Mensch. Ich hatte dann auch immer mehrere berufliche Standbeine, habe ein Buch geschrieben, Seminare gegeben, unterrichtet. Das war ein aufregendes, aber auch anstrengendes Leben mit bis zu fünf Jobs gleichzeitig. Jetzt bin ich zwar immer noch ehrgeizig, aber auch entspannter.« Besonders fordernd war der berufliche Einstieg auch dadurch, dass Corinna mit sechsundzwanzig Jahren ihre erste Tochter bekam. »Als ich fünfundzwanzig war, habe ich zu arbeiten begonnen und kurz danach war ich das erste Mal Mutter. Das heißt, ich habe eigentlich immer mit Kind gearbeitet.« Dass ihr damaliger Mann auch in Karenz ging und insgesamt länger zu Hause blieb als sie, war eine große Unterstützung, sie konnte bald wieder arbeiten gehen und die Kinderbetreuung teilten sie sich wirklich halbe-halbe auf. »Auch bei meiner zweiten Tochter war das genauso. Da war ich ja noch viel kürzer in Karenz, weil ich schon Info-Chefin war.« Dazu befördert wurde sie während ihrer zweiten Schwangerschaft. »Damals hat das ›Format‹ sogar eine Story darüber gemacht – im deutschsprachigen Raum haben die Autoren keine weitere Frau gefunden, die in der Schwangerschaft in eine hohe Management-Stelle befördert wurde. In den USA oder in Frankreich gab es schon andere zuvor.«

ARBEIT ANDERS ZU VERTEILEN WÄRE EIN GAMECHANGER

»Aber das Mutterbild im deutschsprachigen Raum ist immer noch sehr konservativ. Schwanger werden – weg vom Fenster, das gibt es immer noch sehr oft.« Die ökonomische Unabhängigkeit von Frauen sei der einzige Weg aus dieser traditionellen Rollenaufteilung, ist Milborn überzeugt.

»Wo Männer mehr verdienen als Frauen, bleiben Frauen länger zu Hause. Das ist eine üble Entscheidung. Überall, wo ich das sehe, geht das für die Frauen nicht gut aus. Weil Frauen nicht mehr richtig ins Berufsleben zurückfinden, ihr Leben lang weniger verdienen und daher auch weniger bis kaum Pension bekommen.« Eine Lösung wären ihrer Meinung nach andere Arbeitsmodelle, die zum Beispiel die Dreißig-Stunden-Woche für alle ermöglichten, damit auch alle in gleichem Ausmaß die unbezahlte Arbeit, also die Arbeit zu Hause und mit den Kindern, übernehmen. »Das war ja auch eine der Forderungen des Frauenvolksbegehrens, die viele utopisch fanden. Aber wenn man sich das genau durchdenkt – wie soll es anders gehen? Unsere Arbeitswelt ist darauf ausgerichtet, dass die Leute jemanden zu Hause haben, der den Rest des Lebens organisiert, der einkauft, kocht, die Kinder versorgt, das soziale Leben organisiert und, und, und. Jemand mit einer Führungsposition beispielsweise hat dafür einfach keine Zeit. Und dann kommen diese Vollzeit-Teilzeit-Paare heraus, wo meistens die Frau zurückstecken muss. Mit allen Konsequenzen. Wenn man Arbeit anders verteilen würde, wäre das meiner Meinung nach ein Gamechanger.«

Sie selbst konnte ihre Karriere und ihre Töchter dank einer wirklichen Arbeitsteilung zu Hause gut vereinbaren. »Ich bin beruflich jetzt wirklich dort, wo ich sein will. Das ist auch ein riesiges Glück«, freut sich die Moderatorin und erzählt, inwiefern Margaret Thatcher etwas mit ihrem Werdegang zu tun hat. Die konservative britische Premierministerin und die stets für Menschenrechte, Frauenrechte engagierte Journalistin – wie passt das zusammen? »Meine Großmutter, die sehr konservativ und sehr fortschrittlich zugleich war, war für mich als Mädchen ein Vorbild. Und meine Großmutter war ein großer Fan von Thatcher. Als Kind habe ich die politischen Inhalte natürlich nicht wahrgenommen, aber meine Oma hat immer gesagt: Schau dir diese Frau an, wie die sich durchsetzt!! Thatchers Auftreten mit ihrer Handtasche, ihrer Härte und ihrem Humor hat mich sicher unbewusst geprägt. Denn für mich war dadurch von Kind auf klar, dass Frauen genauso Premierministerinnen sein können. So hatte ich als Kind nie das Gefühl, dass meine Berufswahl eingeschränkt ist«, erinnert sich Corinna. Deshalb seien Frauen wie Angela Merkel, Ursula von der Leyen oder Christine Lagarde, die in den wichtigsten politischen Positionen Europas sitzen, wichtige Role Models. »Bisher gab es immer dieses Gruppenbild mit Dame bei EU-Gipfeln und anderen politischen Treffen. Jetzt gibt es drei. Ich bewundere das sehr, mit welcher Selbstverständlichkeit sie das machen. Sie sind ja auch alle schon etwas über sechzig, also gehören noch einer Frauengeneration an, wo Frauen ab einem gewissen Alter oft aus der Öffentlichkeit verschwunden sind.« Das erlebte Corinna in ihren journalistischen Anfängen ganz nah mit einer damals sechzigjährigen Kollegin, die sie bat, sie zu einem Termin zu begleiten, weil sonst niemand mit ihr sprechen würde. »Die Kollegin war eine der kompetentesten. Aber sie war eben schon älter und so bat sie mich damals Dreißigjährige, sie zu einem Termin im Finanzministerium zu begleiten, wo sie etwas recherchieren wollte. Seit sie fünfzig war, erzählte sie mir damals, würde sie aber nicht mehr beachtet, sei sie wie unsichtbar. Wenn sie sich zu einer Gruppe dazustelle, würde sie niemand wahrnehmen, deshalb habe sie Strategien entwickeln müssen, um weiterarbeiten zu können. Eine davon war, mit einer jüngeren Kollegin aufzutauchen. Mich hat das wahnsinnig schockiert damals!«

Zum Glück sei diesbezüglich vieles deutlich besser geworden für Frauen in den vergangenen zwanzig Jahren, ist sich Milborn sicher: »Inzwischen gibt es wirklich viele weibliche CEOs, es gibt Direktorinnen, es gibt Ministerinnen. Und wenn wir weiterhin im Fernsehen sind, normalisiert sich auch, dass man Frauen sieht, die wegen ihrer Expertise dort sitzen – und auch da bleiben, wenn sie älter werden. In der Generation vor uns sind Frauen ab einem gewissen Alter tatsächlich oft unsichtbar geworden und in der Versorgerrolle im Hintergrund gelandet, sowohl in Betrieben als auch zu Hause. Aber ich glaube, das haben wir jetzt hinter uns!« Derzeit sind Frauen in Film und Fernsehen noch krass unterrepräsentiert, zeigt eine Studie, die die Schauspielerin Maria Furtwängler bei der Universität Rostock initiiert hat: Die Analyse von 3500 Stunden Fernsehen und 800 Kinofilmen, die 2019 herauskam, zeigt, dass sich seit den 1970ern kaum etwas geändert hat. Auf eine Frau kommen zwei Männer, besonders im Kinderprogramm und als Expertinnen kommen Frauen kaum vor. Und ab dreißig verschwinden sie langsam vom Bildschirm: Bei Personen im Fernsehen über fünfzig kommen auf eine Frau sogar fünf Männer. Gerade unsere Frauengeneration, die für vieles noch kämpfen musste, werde da jetzt auch noch etwas verändern, ist sie überzeugt: »Wir alle haben erfahren, was für ein Kampf es ist, als Mutter auch die Karriere aufrechtzuerhalten. Aber wir haben es gemacht. Und wir werden jetzt auch nicht aufhören. Wir haben mit dreißig auch nicht aufgehört, wenn es schwierig geworden ist, und genauso wenig werden wir das mit fünfzig tun.«

WIR WERDEN NICHT MEHR AUS DER ÖFFENTLICHKEIT VERSCHWINDEN

Für sie persönlich war fünfzig immer ein »Sehnsuchtsalter«, erzählt sie. »Ich hatte das immer so vor Augen: Frauen, die in sich ruhen, bei denen man das Gefühl hat, sie müssen es niemandem recht machen und rennen nicht irgendeinem Ehrgeiz nach, sondern sie wissen, was sie wollen. Sie wissen, was sie können und müssen nicht überall dabei sein. Das habe ich immer mit dem Alter fünfzig assoziiert.« Und hat sich dieses Gefühl bewahrheitet? »Ich glaube schon. Ich bin jetzt achtundvierzig und habe tatsächlich das Gefühl, es niemandem mehr recht machen zu müssen. Ich weiß, was ich kann und dass ich an der richtigen Stelle sitze. Und ich weiß auch, dass ich nicht mehr alles auf einmal machen muss.« Auch als Frau werde sie jetzt ernster genommen als in jungen Jahren. »Also, man fällt langsam aus dem Beuteschema heraus. Wobei – ganz so ist es auch wieder nicht, die unangenehmen Typen werden nur älter«, scherzt sie. Auf jeden Fall helfe natürlich der berufliche Status. »Mit Chefredakteurinnen geht man nicht mehr so um wie mit einer jungen Anfängerin. Auch die Fernsehpräsenz macht da sehr viel aus. Diese optische Bekanntheit ist ein großer Statusgewinn.« Bis vor einigen Jahren verschwanden Frauen über fünfzig allerdings oft vom Bildschirm, aber auch das ändere sich jetzt, ist sich Corinna sicher. »Wir sind diejenigen, die das jetzt ändern! Wir beide zum Beispiel werden nicht verschwinden. Und die, die mit uns angefangen haben, die werden auch nicht mehr verschwinden. Da ändert sich gerade viel, was wirklich gut und wichtig ist. Auch für unsere Töchter.« Schließlich seien jetzt wir die Role Models für die Generation nach uns. Corinnas ältere Tochter hat gerade mit ihrem Studium begonnen. »Für sie ist es einfach normal, dass Frauen und Männer überall gleichberechtigt sind. Und wenn es nicht so ist, regt sie sich wahnsinnig auf. Sie ist also in dem Sinne feministisch, als dass sie es überhaupt nicht erträgt, wenn Unterschiede gemacht werden. Sie ist natürlich auch in einer Familie aufgewachsen, wo das berühmte Halbe-halbe wirklich gelebt wird.«

CORONA ALS RÜCKSCHRITT

Skeptisch sieht die Journalistin allerdings, wie die Lockdown-Situation in der Corona-Pandemie viele Frauen wieder in traditionelle Rollen zurückgeworfen hat. »Ich frage mich, wie wir aus dieser Nummer wieder rauskommen. Denn man hat wieder einmal gesehen, dass es die Frauen sind, die alles auffangen. Weil sie dazu bereit sind und weil sie so erzogen wurden. Und ich habe viele Frauen daran fast zerbrechen sehen in dieser Zeit. Die meisten haben im Homeoffice ja mehr gearbeitet, dazu das Homeschooling, die Hausarbeit, auch in progressiven Familien habe ich gesehen, wie Frauen mehr belastet wurden als Männer.« In der Extremsituation der Lockdowns zeigte sich die Ungleichheit zwischen den Geschlechtern noch genauer. »Wir haben immer noch eine patriarchale Geschlechterordnung. Väter und Mütter werden in unserer Gesellschaft immer noch anders behandelt. Auch der Gender-Pay-Gap ist immer noch massiv. In Skandinavien oder Frankreich sieht das schon ganz anders aus.« Aber für die Generation unserer Töchter sei auch diesbezüglich schon vieles besser geworden, ist Milborn optimistisch. Sie selbst hat sich vor zwei Jahren ein Sabbatical gegönnt. »Ich habe mir einen Polster erarbeitet, der auch hält, wenn ich ein halbes Jahr Pause mache. Und ich musste auch nicht wieder neu anfangen, viele haben gar nicht gemerkt, dass ich eine Pause eingelegt hab« – ein Privileg des Älterwerdens. »Sicherlich. Und ich genieße es auch, dass ich diese Getriebenheit nicht mehr in mir spüre. Und ich habe auch das Gefühl, dass ich mir selbst nichts mehr vormachen muss. Mit zwanzig nimmt man noch seine Kindheitsmacken mit, aber mit der Zeit lernt man, wie man damit umgehen kann. Ich zum Beispiel bin ein aufbrausender Mensch und ich finde es total angenehm, dass ich gelernt habe, damit umzugehen und nicht mehr sofort ins Telefon brüllen muss«, lacht Corinna. Inzwischen erlaubt sie sich selbst sogar, Dinge zu tun, die nicht unbedingt Sinn und Zweck haben müssen und die auch nicht perfekt sein müssen. Aquarellmalen zum Beispiel. »Mir ist das ja nach wie vor ein bisschen peinlich«, schmunzelt sie, »aber ich male, ich habe sogar einen Töpferkurs gemacht. Und ich mache das total gerne. Wie Brot backen oder stricken.« In ihren Dreißigern hätte sie das wahrscheinlich noch nicht so entspannt gesehen, geschweige denn erzählt. Aber jetzt, wo sich das »Sehnsuchtsalter fünfzig« nähert, spricht auch für die ehrgeizige Karrierefrau nichts mehr dagegen, auch einmal nur entspannt solchen Hobbies zu frönen …

GERTRUDE HENZL
GENAU GEFUNDEN, WAS ICH SCHON IMMER WOLLTE

Was andere nicht einmal bemerken oder vielleicht als Unkraut identifizieren und vernichten, verwandelt Gertrude Henzl in Delikatessen. Nahrung abseits von industrieller Produktion – ein ungenutztes Potenzial, das die ausgebildete Juristin schon lange fasziniert hatte und aus dem sie vor einigen Jahren ihre Geschäftsidee entwickelte und sich selbst mit Ende vierzig beruflich völlig neu erfand. Seit bald zehn Jahren bietet sie in ihrer Manufaktur »Henzls Ernte« Kreationen aus eigener Erzeugung – vormittags sammelt sie Wildpflanzen und Kräuter, nachmittags verwandelt die passionierte Köchin diese in Würzsauce, Chutneys, Aromazucker und vieles mehr. »Endlich habe ich das Gefühl, ich bewege mich auf einem Terrain, das mir total liegt und wo ich mich selbst weiterentwickeln kann und wo ich zufrieden bin. Bei der Juristerei, die mir auch Spaß gemacht hat, hatte ich immer das Gefühl, dass ich dort nicht wirklich zu Hause war«, erzählt die Geschäftsfrau über ihre berufliche Neuerfindung vor rund zehn Jahren. »Eigentlich bin ich erst im Nachhinein draufgekommen, warum das so war. Ich bin ein absoluter Kopfmensch, Gefühle lasse ich nur schwer zu. Gefühle werden bei mir erst vom Gehirn bearbeitet und dann am liebsten weggesteckt. Und mir hat dieser Ausgleich durch das Handwerkliche total gefehlt. Jetzt, wenn ich draußen in der Natur bin und Kräuter sammle, dann ist das für mich wie eine Meditation, die mein Hirn zum Stillstand bringt, die bewirkt, dass sich die Gedanken nicht dauernd im Kreis drehen, und deshalb geht es mir jetzt auch viel besser als früher.« Mit Mitte fünfzig sei sie endlich angekommen, meint Henzl, deren kleines Geschäft längst kein Geheimtipp mehr ist und das auch von Wienreisenden gerne besucht wird, ist es doch in fast allen Wienführern als sehenswert angeführt und wird auch als einer von iii Orten in Wien genannt, die man gesehen haben sollte.

Schon als Kind war für Gertrude Kochen das schönste Hobby – neben Fußballspielen, wo sie als Mädchen aber nicht in der Form mitspielen konnte, wie sie gern gewollt hätte. »Als Kind wollte ich unbedingt ein Bub sein und habe immer nur Hosen getragen und ich habe irrsinnig gerne Fußball gespielt, allerdings haben mich die anderen immer ins Tor gestellt, als Stürmerin wollten mich die Buben nie«, erinnert sie sich. Dass sie aus ihrem Interesse für Kochen und Ernährung einen Beruf hätte machen können, auf diese Idee wäre sie als junges Mädchen allerdings nie gekommen. »Ich bin in einem Umfeld aufgewachsen, wo klar war, dass man studiert. Vor allem mit einer locker geschafften Matura, so wie bei mir. Handwerk hatte damals keinen hohen Stellenwert, das war nichts für Maturanten, das wäre ein Abstieg gewesen. Und so war der Weg irgendwie vorgezeichnet: Matura, dann Studium. Und weil man sich dann eben für irgendein Studium entscheiden musste, habe ich halt Jus studiert« – und den Beruf später auch durchaus gerne ausgeführt, allerdings nie mit großen Ambitionen.

MEINE UNSICHERHEITEN SIND KLEINER GEWORDEN

»Ich hatte nie ein konkretes Ziel, habe nie einen bestimmten Werdegang als Juristin angestrebt. Insofern kann ich auch nicht beurteilen, ob ich als Frau im Job anders behandelt wurde als Männer«, meint Henzl, die den Stellenwert von Frauen in unserer Gesellschaft über eine ganz andere Schiene analysiert: »Frauen hatten früher im Prinzip die wichtigste Funktion auf der Welt, nämlich die, die anderen zu ernähren. Sie waren Sammlerinnen, Köchinnen, Hausmedizinerinnen, und das alles war immer unbezahlte Arbeit. Und irgendwann kam dann auf, dass unbezahlte Arbeit wertlos sei. In unserer Gesellschaft zählt eben nur, was in Geld ausgedrückt werden kann. Also haben sich Frauen andere Betätigungsfelder gesucht und innerhalb einer Generation ging ein enormes Wissen verloren. Inzwischen kennt sich niemand mehr aus und man hat die Ernährung der Nahrungsmittelindustrie überlassen«, ärgert sich die passionierte Kräutersammlerin, die ihre Gedanken aber keinesfalls als ein Plädoyer für ein Zurück in die klassischen Geschlechterrollen verstanden wissen will. »Zurück an den Herd!‹ heißt das auf keinen Fall! Worauf ich hinaus will, ist vielmehr, dass irgendjemand wieder die Verantwortung übernehmen muss. Derzeit trägt nur mehr die Industrie die Verantwortung für unsere Ernährung, und das ist schlecht. Wie wir wissen, hängt davon auch ab, was mit unserer Umwelt passiert.« Den Menschen wieder einen direkten Bezug zur Nahrung zu vermitteln, ein Bewusstsein dafür zu schaffen, unter welchen Bedingungen Lebensmittel produziert werden, das sieht Henzl durchaus als ihre Mission. Dass sie ihre eigene Leidenschaft nun mit ihrem eigenen Betrieb umsetzen und auch andere für ihre Spezialitäten und die dahinterstehenden Gedanken begeistern kann, liegt ihrer Meinung nach auch daran, dass sie selbst in den letzten Jahren wesentlich selbstbewusster geworden ist. »Meine Unsicherheiten sind viel kleiner geworden, ich kann meine Fähigkeiten jetzt viel besser einschätzen. In meinen frühen Jahren, also eigentlich bis vor fünf, sechs Jahren, habe ich mit schweren Depressionen gekämpft. Dazu kam noch meine Krankheit, die ausbrach, als ich Ende zwanzig war.«

MIT DREISSIG WAR ICH PLÖTZLICH UNHEILBAR KRANK

Gerade fertig mit Studium, Gerichtsjahr und Anwaltspraktikum begann für Gertrude eine Phase geprägt von »Krankheitsgeschichten« erzählt sie. Bei ihr machte sich damals die erst später diagnostizierte Autoimmunerkrankung Lupus zuerst mit Hautproblemen im Gesicht bemerkbar. »Ich war Anfang dreißig und plötzlich damit konfrontiert, unheilbar krank zu sein. Rückblickend gesehen finde ich es auch wirklich schlimm, wie mir das alles kommuniziert wurde: ›unheilbar krank‹ – aber was das genau heißt, was ich tun konnte, das musste ich mir erst selbst erarbeiten. Inzwischen ist eine große Stabilität im Verlauf der Krankheit eingetreten und dadurch geht es mir wirklich gut«, freut sie sich und erzählt, dass sie mithilfe einer Basis-Therapie mit der Krankheit inzwischen gut umgehen könne, trotz massiver Beeinträchtigungen. »So hat die Krankheit zum Beispiel meinen Geruchsnerv zerstört.« Seit ihrem letzten Krankheitsschub kann Gertrude Henzl nichts mehr riechen. Gar nichts? »Gar nichts. Eigentlich habe ich mein Grundwerkzeug verloren. Das ist natürlich nicht lustig und gewissermaßen ein Handicap. Aber man lernt damit umzugehen. Ich habe mich intensiv mit dem Thema Geschmack beschäftigt und lege beim Kochen jetzt viel mehr Wert auf die zahlreichen anderen Komponenten, die neben dem Geruchssinn für ein Geschmackserlebnis verantwortlich sind. Außerdem habe ich die Gerüche so verinnerlicht, gewissermaßen in die Erinnerung verschoben, dass ich sie aus der Erinnerung heraus einsetzen kann. Manchmal frage ich natürlich auch jemanden, aber das meiste mache ich intuitiv«, beschreibt sie, wie sie es trotzdem schafft, Produkte aus Kräutern und Wildpflanzen herzustellen. »Das Gute ist, dass ich auch Gestank nicht mehr riechen kann«, lacht sie und freut sich, dass ihr Hautbild jetzt besser sei als noch vor Jahren. »Als die Krankheit ausbrach, war meine Gesichtshaut schlimm. Trotzdem bin ich ohne Camouflage herumgegangen. Manchmal haben sich Menschen von mir weggesetzt, vielleicht dachten sie, das sei ansteckend. Mit der Zeit habe ich gelernt, meine Hautprobleme abzudecken und inzwischen komme ich damit wirklich gut zurecht.«

Mit Veränderungsprozessen im Körper, die Frauen normalerweise erst später beschäftigen, musste sie schon mit dreißig umzugehen lernen. »Also ich würde nicht zurückwollen in meine Dreißiger, das waren meine schwierigsten Jahre. Aber ich bin weitergegangen und habe aus der damaligen Erfahrung vieles gelernt, was ich heute nicht mehr würde missen wollen.« Als Frau, die durch ihre Krankheit auch eine optische Veränderung hinnehmen musste, hat Henzl verständlicherweise einen ganz speziellen Zugang zum Thema Schönheitswahn und Jugendkult. Wobei sie gut nachvollziehen könne, wenn Frauen zu Botox und Co. griffen, wenn sie psychisch unter ihren äußerlichen Veränderungen leiden. Aber: »Die Zeitachse ist ja die einzige Konstante in unserem Leben. Von der Geburt bis zum Tod. Fix ist aber auch, dass sich in dieser Zeit vieles verändert. Und wir haben die Möglichkeit, mit diesen Veränderungen umzugehen und dadurch auch uns zu verändern. Wenn ich diese Möglichkeit auslasse, dann werde ich irgendwann starr. Das sieht man ja auch bei diesen mit Botox behandelten Frauen, die irgendwann diesen starren Gesichtsausdruck bekommen. Eigentlich ist das genau das Bild dafür, die Möglichkeit, mit Veränderungen umzugehen, nicht wahrzunehmen, sich selbst eben nicht zu verändern. Eigentlich verzichtet man damit auf einen wichtigen Teil des Lebens.«

Eine wichtige Frage, die Frauen normalerweise rund um die dreißig beschäftigt, wurde für Gertrude durch ihre Krankheit beantwortet. »Es heißt, wenn man an Lupus erkrankt ist, bekommt man besser keine Kinder. Wobei das auch nicht so sein muss, es gibt durchaus Frauen, die mit dieser Krankheit Kinder bekommen haben. Also ich hatte nie den Plan, ich heirate und bekomme Kinder.« Wie sie in ihrem Leben eigentlich überhaupt nie einen Plan hatte, meint Henzl, die sich selbst als »Einzelgängerin« bezeichnet. »Ich hatte schon immer auch längere partnerschaftliche Beziehungen zu Männern, aber das war dann auch irgendwann immer wieder vorbei. Aber auch wenn ich im Grunde eine Einzelgängerin bin, ich habe immer Kontakt zu vielen Gleichgesinnten gesucht und Freundschaften gepflegt. Außerdem bin ich in einer großen Familie mit vier Geschwistern aufgewachsen und unsere Wohnungstüre stand immer weit offen für Gäste.« Als sie sich entschloss, sich selbstständig zu machen, habe sie es durchaus als Vorteil empfunden, auf niemanden Rücksicht nehmen zu müssen. »Ich war alleinstehend, habe allein gewohnt und musste nur für mich sorgen, das hat mir die Entscheidung erleichtert. Es wäre sicher schwerer gewesen, wenn ich für andere verantwortlich gewesen wäre. Wirtschaftlich gesehen war das ja eigentlich schon ein völliges Harakiri, ein kleines Einzelunternehmen zu gründen. Aber ich habe mir darüber überhaupt keine Gedanken gemacht, auch nicht darüber, dass ich dann kein fixes Gehalt, keinen Urlaubsanspruch mehr haben werde.« Existenzsorgen hätte sie sich zum Glück aber nie machen müssen, weil ihre Eltern, die immer ihr großes Glück und ihre große Sicherheit im Leben waren, sie auch bei ihrem beruflichen Neustart kompromisslos unterstützten. Inzwischen hat sich Henzls Geschäft mehr als etabliert und sie selbst sei sehr froh, dass sie nicht darüber grübeln müsse, irgendetwas versäumt zu haben. »Das kenne ich schon von vielen Leuten in meinem Alter – die sagen dann: Oh, hätte ich nur ..., warum habe ich nicht ...? Was habe ich versäumt? Ich habe zum Glück genau gefunden, was ich wollte, und ich habe mich auch getraut, meine Träume zu realisieren.«

DIE JÜNGEREN STEHEN STÄRKER UNTER DRUCK

Was kann sie der jüngeren Generation aus ihren Erfahrungen mitgeben? »Ich glaube, dass sich das Leben der jetzt Dreißigjährigen und Jüngeren grundlegend verändert hat im Vergleich zu meiner Generation – durch diese rasante Leistungssteigerung, dadurch, wie die Wirtschaft funktioniert. Als ich meinen ersten Job gesucht habe, musste ich keinen perfekten Lebenslauf vorlegen. Ich habe auch relativ lange studiert, dazwischen hundert verschiedene Sachen gemacht, das war kein Problem. Jetzt geht das nicht mehr, die Jüngeren stehen da wesentlich stärker unter Druck, haben es schwerer und können sich auch nicht mehr so ausleben, Spaß haben. Wenn man so etwas realisieren will, wie ich es mit meinem kleinen Kräutergeschäft getan habe, dann muss man sich richtig aus dem System rausnehmen«, meint sie. Corona sei da vielleicht eine Chance, dass gewisse Strukturen, Rücksichtslosigkeiten überdacht werden, hofft Gertrude Henzl, die mit ihren Kräuterwanderungen, ihrer nachhaltigen Lebensmittelproduktion, dem Fokus auf Regionales genau das lebt, was durch die Pandemie plötzlich zum Trend wurde. »Vielleicht ist diese Pandemie auch eine Chance für eine Wende. Andererseits: Warum sollten die Menschen auf einmal anschauen, was sie seit Jahren wegblenden? Wir blenden ja alles weg. Wir blenden die Flüchtlinge weg genauso wie wir wegblenden, was durch die Lebensmittelproduktion alles angerichtet wird«, relativiert sie Hoffnungen auf Lehren aus dieser Krise. Für sich selbst hat Gertrude Henzl das richtige Arbeits- und Lebensmodell gefunden, mit dem sie sich wirklich wohlfühlt. Nur manchmal, erzählt sie, beschäftige sie durchaus die Frage, was aus ihrem Lebensmodell im Alter werden kann. »Ich habe ja sozusagen dieses Einzelgängerinnentum gewählt. Jetzt ist das überhaupt noch kein Thema, aber später, mit siebzig dann vielleicht, wie kann das gehen, dass man da nicht völlig in die Einsamkeit fällt? Corona hat uns ja gerade gezeigt, wie das dann ist, wenn du alleine zu Hause hockst, niemanden sehen sollst. Diese Erfahrung hat diese Frage für mich schon sehr aktiviert.« Ihr großes Wissen, das sie sich im Bereich Nutzung von Wildpflanzen in der Ernährung in den letzten Jahren erworben hat, das würde Gertrude Henzl jedenfalls sehr gerne an zukünftige Generationen weitergeben, wenn sie sich beruflich einmal zurückzieht. Aber davon kann noch lange keine Rede sein ...

Birgit Fenderl und Sabine Hauswirth

Authentizität und Bewegung – Wie dieses Buch entstand

Vor zwanzig Jahren wurden wir von Johanna Rachinger, damals Chefin des Ueberreuter Verlags, zusammengebracht. Unsere Zusammenarbeit erwies sich schnell als sehr fruchtbar, harmonisch, professionell, wir brachten uns aber auch gegenseitig in unserer Kreativität weiter. Aus der gemeinsamen Arbeit heraus entwickelte sich über die Jahre eine großartige Freundschaft, in der wir immer wieder auch Ideen für weitere gemeinsame Projekte wälzten, dafür aber mit unseren Jobs und mit unseren Töchtern stets zu beschäftigt waren. Beide alleinerziehend, waren wir – vor allem als unsere Töchter klein waren – mit einem schwierigen Setting zwischen Kind und Arbeit konfrontiert, konnten uns aber punktuell auch immer wieder gegenseitig unterstützen.

In diesen vergangenen zwanzig Jahren haben wir oft über die Herausforderungen des Lebens philosophiert und diskutiert. Jetzt wollten wir nachschauen, wie es anderen Frauen unseres Alters in den letzten zwanzig Jahren in dieser »Prime Time des Lebens« ergangen ist und was die Dreißigerinnen von damals jetzt als Fünfzigerinnen über ihren Lebensweg und ihre Erfahrungen berichten. Ein paar Frauen in diesem Buch wurden schon in unserem ersten gemeinsamen Buch porträtiert, bei ihnen haben wir nachgefragt, was aus ihren Vorstellungen von damals geworden ist. Ganz bewusst wollten wir in »Kurswechsel bei 5.0« aber auch andere Frauen zu Wort kommen lassen, um das Spektrum zu erweitern. Bei allen Frauen, die bereit waren, mit uns auf diese persönliche Zeitreise zu gehen, möchten wir uns an dieser Stelle herzlich bedanken! Ebenso bei Johanna Rachinger, die seit inzwischen zwanzig Jahren als Generaldirektorin die Geschicke der Österreichischen Nationalbibliothek leitet und die so nett war, einleitende Worte zu unserem Buch zu verfassen. Zum Abschluss wollen wir uns jetzt noch kurz über unsere Arbeit und die Entstehungsgeschichte dazu unterhalten:

Birgit: Ich erinnere mich noch genau an meine Gedanken nach unserem ersten Zusammentreffen: Jö, sie hat eine dreijährige Tochter und sie ist in ihrem Beruf erfolgreich! Genau das war damals nämlich auch mein Plan. Für meine Zukunft hatte ich ein Bild im Kopf: ein herziges kleines Mädchen an meiner Hand und trotzdem auch in meinem Beruf weiterhin erfolgreich bleiben. Tja, und wie es das Leben so will, bald ging auch ich mit meiner herzigen kleinen Tochter durchs Leben. So wie ich mir mein Leben bei unserem ersten Treffen vorgestellt hatte, entwickelte es sich allerdings nicht. Wenn ich etwas in den letzten zwanzig Jahren gelernt habe, dann dass man das Leben nicht planen kann. Und eigentlich ist das ja auch gut so.

Sabine: Zwischen uns liegen ja genau sieben Jahre und sieben Jahre auch zwischen unseren Töchtern – magic seven sozusagen. Dieses Buch ist also wie eine Schere: Beruflich begann unsere Zusammenarbeit vor zwanzig Jahren, jetzt arbeiten wir wieder zusammen. Und dazwischen liegen zwanzig Jahre einer spannenden Freundschaft, die uns als Alleinerzieherinnen bald verbunden hat – nie in Konkurrenz, immer einander unterstützend, das ist schon etwas Besonderes!

Birgit: Absolut! Als ich mein erstes Buch schrieb, zu dem du die eindrucksvollen Fotografien beigesteuert hast, dachte ich, mein Leben sei sozusagen auf Schiene. Und schon bald war alles anders. Statt mich konzentriert meiner Karriere zu widmen, stand für mich sehr bald meine Tochter im Vordergrund, die ich lange alleine erzogen habe, was einen dauernden Drahtseilakt zwischen Kind und Job erforderte. Viele Frauen unserer Generation haben ja einen hohen Anspruch an sich selbst, wollen den Spagat zwischen Kind und Karriere perfekt schaffen oder sich in Berufen behaupten, wo immer noch Männer den Ton angeben. Viele von uns dachten als junge Frauen, sie gehörten der ersten Frauengeneration an, die wirklich völlig gleichberechtigt ist. Und viele von uns mussten in den letzten zwanzig Jahren erleben, dass das leider absolut nicht stimmt. Die Fakten sind da ganz eindeutig: Nur vierzehn der derzeit 192 Vorstandsmitglieder von an der Wiener Börse notierten Unternehmen sind weiblich, vom »Gender-Pay-Gap« oder

»Gender-Pensions-Gap« gar nicht zu reden. Wir sind also gewissermaßen mit einer Illusion ins Leben gestartet, die viele in unserem ersten Buch als dreißigjährige Frauen noch hatten. Nachzufragen, wie der Blick auf ihr Leben zwanzig Jahre später aussieht, ist ein Grund für dieses Buch.

Sabine: Mein Zugang zu unserem neuen Buch war, Porträts zu fotografieren, die den Übergang und die Umstellung und Änderung der Sichtweisen auf das Lebens zeigen. Oft geht es in dem Buch ja um die Frage: Selbstbild oder Fremdbild. Mein Selbstbild hat sich insofern verändert, als mir Bewegung und »im Fluss sein« immer wichtiger werden – sowohl im beruflichen, künstlerischen, als auch im privaten Umfeld. Daraus ergibt sich auch meine Bildsprache für dieses Buch: Das Ziel war, jede Frau individuell zu visualisieren, ihre Ausstrahlung, Kraft und Dynamik und ihre Lebenseinstellung spürbar zu machen. Die Notwendigkeit, sich zu bewegen, zu entwickeln und zu verändern, setze ich auch fotografisch um. Einheitliche neutrale weiße Männerhemden und durchsichtige Bauplanen, die männliche Attribute sind, neutralisieren den Umstand, dass Frauen noch immer oft auf Objekte reduziert werden.

Birgit: Für mich ist Echtheit ein großes Thema. Authentisch zu bleiben und auch authentisch zu berichten halte ich gerade im Zeitalter von sozialen Medien für zunehmend wichtig. Hinter die Kulissen schauen, nicht in Scheinwelten leben, sondern darüber erzählen, wie es wirklich ist: Das ist mir auch ein großes Anliegen für die Generation unserer Töchter, die sich in ihrer Jugend noch leichter von all den vermeintlich perfekten, schönen, erfolgreichen Menschen blenden und unter Druck setzen lassen, die sich auf allen Kanälen professionell inszenieren. Das Schöne bei der Arbeit an diesem Buch war auch, wie offen und frei alle Frauen über ihre Erfahrungen berichtet haben, und obwohl die Lebenswege und Lebenswelten sehr unterschiedlich sind, gibt es in allen Porträts ein großes Gemeinsames: Wir wissen endlich, was uns guttut. Wir gehen endlich gelassener mit uns selbst um, sind bei uns selbst angekommen. Vom Fremdbild zum Selbstbild: Diese Reise haben wir in den letzten zwanzig Jahren zurückgelegt.

Sabine: Das Innerliche ist mein Thema und nicht die äußere Hülle. Wie wir unser Leben bis jetzt gelebt haben, zeigt sich mit zunehmendem Alter auch im Äußeren.

Mich interessiert ausschließlich Individualität, Authentizität und die Energie der von mir porträtierten Menschen. Die setze ich sowohl im künstlerischen als auch im kommerziellen Umfeld um. Das bedeutet, dass die Auswahl der Frauen, die in diesem Buch vertreten sind, nicht willkürlich ist, handelt es sich doch durchwegs um besondere Persönlichkeiten.

Birgit: Es geht in diesem Buch auch um die Frage, was unsere Generation für die nachfolgende Frauengeneration weitergebracht hat, aber auch darum, wo es in puncto Gleichberechtigung in den letzten Jahren Rückschritte gab oder gibt. Die Corona-Pandemie hat Frauen ganz besonders gefordert. Lockdown, Homeschooling und Homeoffice sind keine guten Rahmenbedingungen für Frauen, das zeigen inzwischen mehrere Studien ebenso wie Statistiken: Frauen haben durch die Krise überdurchschnittlich oft ihren Job verloren, Gewalt gegen Frauen hat zugenommen. Selbst in Familien, wo die Arbeit normalerweise partnerschaftlich geteilt wird, haben Frauen in der Krise mehr Familienarbeit übernommen als Männer.

Sabine: Ich hoffe, dass ich meiner Tochter mit meiner kompromisslosen Art zu leben als Vorbild dienen konnte. Ich wünsche ihr, dass sie das Leben lebt, das ihr guttut, und dass sie ihren ganz individuellen Lebensweg findet, ohne sich gesellschaftlichen Vorstellungen unterordnen zu müssen. Bisher schafft sie das großartig und ich bin sehr stolz auf sie.

Birgit: Meine Tochter ist inzwischen sechzehn Jahre alt und hat ein großes Sensorium für Ungleichheiten, zwischen einzelnen Bevölkerungsgruppen ebenso wie zwischen den Geschlechtern. Wir diskutieren viel und ich freue mich darüber, dass sie durch meine Lebensart mitbekommt, wie schön und wichtig es im Leben ist, auf eigenen Beinen zu stehen und von niemandem abhängig zu sein. Obwohl sie noch so jung ist, wehrt sie sich sofort, wenn sie Ungerechtigkeiten ortet, das macht mich sehr stolz auf sie! Hoffentlich finden unsere Töchter auch den ein oder anderen spannenden Aspekt für sich selbst in unserem Buch. Ich freue mich jedenfalls sehr über unser gemeinsames Werk! Und weil ich ja trotzdem die Planerin von uns beiden geblieben bin: In zwanzig Jahren – auf ein Neues?

Sabine: Na, wer weiß? Siebzig ist ja auch ein spannendes Alter …

Birgit Fenderl

Birgit Fenderl, Politologin und Romanistin, arbeitet seit mehr als fünfundzwanzig Jahren für den ORF, vorwiegend als Moderatorin der ZiB, seit Jänner 2019 moderiert sie das neue Infotainment-Magazin »Studio 2«. Buchveröffentlichungen: gemeinsam mit Sabine Hauswirth »30erinnen. Portraits von Frauen, die schon weit gekommen sind« und mit Anneliese Rohrer »Die Mutter, die ich sein wollte. Die Tochter, die ich bin«.

Sabine Hauswirth

Die Künstlerin mit Schwerpunkt Porträtfotografie arbeitet erfolgreich im In- und Ausland. Ihre fotografischen Arbeiten finden sich in zahlreichen Publikationen, in Museen und privaten Sammlungen. Ihre Werke wurden in Einzelausstellungen, in Galerien und im öffentlichen Raum präsentiert.